기독교문서선교회 (Christian Literature Center: 약칭 CLC)는 1941년 영국 콜체스터에서 켄 아담스에 의해 시작되었으며 국제 본부는 미국 필라델피아에 있습니다. 국제 CLC는 59개 나라에서 180개의 본부를 두고, 약 650여 명의 선교사들이 이동도서차량 40대를 이용하여 문서 보급에 힘쓰고 있으며 이메일 주문을 통해 130여 국으로 책을 공급하고 있습니다. 한국 CLC는 청교도적 복음주의 신학과 신앙서적을 출판하는 문서선교기관으로서, 한 영혼이라도 구원되길 소망하면서 주님이 오시는 그날까지 최선을 다할 것입니다.

보내심

호주 선교사들이 세운
일신기독병원 출신 의료인들의 해외 선교 이야기

Send Me
Edited by Ji-il Tark
All rights reserved.
Korean Edition Copyright ⓒ 2023 by Christian Literature Center, Seoul, Korea.

보내심
호주 선교사들이 세운
일신기독병원 출신 의료인들의 해외 선교 이야기

2023년 9월 30일 초판 발행

엮 은 이 | 탁지일

편   집 | 임동혁
디 자 인 | 서민정, 이승희
펴 낸 곳 | (사)기독교문서선교회
등   록 | 제16-25호(1980. 1. 18.)
주   소 | 서울특별시 동대문구 천호대로71길 39
전   화 | 02-586-8761~3(본사) 031-942-8761(영업부)
팩   스 | 02-523-0131(본사) 031-942-8763(영업부)
이 메 일 | clckor@gmail.com
홈페이지 | www.clcbook.com
송금계좌 | 기업은행 073-000308-04-020 (사)기독교문서선교회
일련번호 | 2023-87

ISBN 978-89-341-2604-1 (03230)

이 책의 저작권은 저자와 (사)기독교문서선교회가 소유합니다. 신저작권법에 의하여 한국 내에서 보호받는 저작물이므로 무단 전재와 무단 복제를 금합니다.

목차

감사의 글 | 앞서 행하시는 하나님 ------------------------ 6
민보은 선교사 (Barbara Martin, 오세아니아 호주, Australia)

프롤로그 | 부르시고 보내심 ---------------------------- 9
탁지일 교수 (부산장신대학교 교회사)

1. 나를 지으시고 부르신 하나님의 은혜 ----------------- 14
김미화 선교사 (아프리카 카보베르데 공화국, Cape Verde)

2. 나의 작은 손을 통해 일하시는 하나님 ---------------- 25
김은희 선교사 (아프리카 우간다, Uganda)

3. 밑 빠진 독에 물을 부으면, 그 아래 풀이 자란다! -------- 40
고(故) 김정윤 선교사 (아프리카 우간다, Uganda)

4. 오지 선교사로 부르신 고마운 예수님 ----------------- 49
권영옥 선교사 (아프리카 탄자니아, Tanzania)

5. 이슬람의 심장부에서 사랑과 정결의 삶을 소망하며 ------- 56
에스더 선교사 (S국)

6. 나를 넘어 열방을 향해 흐르는 복음의 능력 ------------ 64
심미영 선교사 (중동 O국)

7. 웃고 울 수 있는 하루하루가 은혜이고 감사 ----------- 73
단비 선교사 (중동 J국)

8. 열방의 경험과 언어로 열방을 섬기게 하신 하나님 ------ 83
강루디아 선교사 (AF T국)

9. 현지 여성을 위한 현지 의료인 양성을 위해 ----------- 97
김정혜 선교사 (아시아 미얀마, Republic of the Union of Myanmar)

10. 아무것도 아닌 저를 부르시고 보내셨습니다! ---------------- 107
　　김은정 선교사 (아시아 미얀마, Republic of the Union of Myanmar)

11. 지경을 덮는 복음의 봄바람과 성령의 새바람 ---------------- 118
　　정성숙 선교사 (아시아 우즈베키스탄, Uzbekistan)

12. 도우며 간호하는 자로 사는 삶 ---------------------- 124
　　홍정실 선교사 (아시아 일본, Japan)

13. 일본 후쿠오카(福岡), 복의 언덕에서 ------------------ 133
　　황호정 선교사 (아시아 일본, Japan)

14. 하나님을 춤추게 하고 우리를 행복하게 하는 선교 ---------- 147
　　신병연 선교사 (아시아 태국, Thailand)

15. 허락하시는 날까지 순전한 믿음으로 -------------------- 160
　　채숙향 선교사 (아시아 파키스탄, Pakistan)

16. 하나님의 사역을 위해 나의 삶이 작은 순종이 되고 --------- 176
　　박영순 선교사 (아시아 필리핀, Philippines)

17. 땅끝 한 모퉁이, 주님이 보내시고 심어주신 곳에서 --------- 189
　　변현자 선교사 (아시아 필리핀, Philippines)

18. 이때를 위함이 아닌지 누가 알겠느냐 ------------------ 200
　　홍정숙 선교사 (아시아 중국, China)

19. 은혜로 살아가는 행복한 선교사 --------------------- 211
　　신기조 선교사 (아시아 캄보디아, Cambodia)

에필로그 | 보내시고 인도하심 ---------------------- 226
　　탁지일 교수 (부산장신대학교 교회사)

감사의 글

앞서 행하시는 하나님
The God Who Goes Before

민보은 선교사 (Barbara Martin, 오세아니아 호주, Australia)

열방을 향해 '부르심과 보내심'을 받은 일신기독병원 출신 의료선교사들의 이야기들을 세상에 알리고 싶다는 신기조 목사님(캄보디아 선교사)의 이야기를 들었을 때, 하나님의 인도하심에 감동했습니다. 그리고 실제로 많은 선교사님의 이야기가 모였고 탁지일 교수님(부산장신대학교)의 도움으로 책이 조만간 출간된다는 이야기를 듣고 정말 감격스러웠습니다.

더욱이 선교사님들의 귀한 고백들 속에 저의 이야기도 포함된다니 영광스럽고 기쁜 마음입니다. 글들을 모두 읽지는 못했지만, 각 글의 제목들을 보는 것만으로도 충분한 은혜가 넘쳤고 감사한 마음이었습니다.

이 책에 관한 이야기를 처음 들었을 때, 일신기독병원의 설립자인 헬렌 매켄지 선교사가 했던 이야기가 생각났습니다. 자신이 훈련한 매리놀수도회(Maryknoll Order) 소속 루시(Lucy) 수녀가 아프리카 의료 선교사로 갔다는 소식을 들었을 때 형용할 수 없는 커다란 기쁨을 느겼다고 했습니다. 루시 수녀는 산 부인과 교육을 마치기 위해 미국으로 가기 전, 일신기독병원에서 교육을 받았는데, 그때 헬렌의 사역에 큰 감명을 받았고, 헬렌처럼 봉사하기로 마음을 먹었습니다.

그리고 아프리카 선교사가 되어 오랜 기간 그곳에서 봉사했습니다. 루시 수녀는 일신 출신 첫 해외 선교사로 보내심을 받은 의료인이었습니다.

저를 포함해 열 명의 호주 선교사들이 일신기독병원에서 의료, 목회, 행정 등 다양한 분야에서 사역했습니다. 우리는 모두 한국에서 일하도록 부르심과 보내심을 받은 것을 커다란 특권으로 느꼈습니다. 한국에서의 모든 시간은 축복이었고, 저의 삶을 풍요롭게 만들었습니다. 일신에서 사역하고 은퇴했지만, 지금도 계속되는 따뜻한 우정과 친밀한 관계에 대해 하나님께 깊이 감사드리고 있습니다.

무엇보다 일신에서 훈련받은 여성 의료인들이 세계 각국의 다양한 처소에서 각기 다른 모습으로 하나님과 이웃을 섬기고 있다는 소식을 듣게 되어 더욱 하나님께 감사한 마음뿐입니다.

선교사로 보내심을 받아 선교지에 정착할 때, 우리는 새로운 문화에 적응하기 위해 노력합니다. 내가 가진 문화는, 사역을 가로막는 단점인 동시에, 때로는 장점이 되기도 합니다.

회의에서 만났던 피지 목사님의 이야기가 잊을 수가 없습니다. 피지의 문화에 대한 그의 이야기는 저에게 큰 도전이었고, 새로운 눈으

로 선교를 바라볼 수 있도록 도와주었습니다. 저도 "한국에서 그처럼 살며 선교할 수 있게 해달라"고 하나님께 간절히 기도했습니다.

우리는 주로 서구 교회의 관점으로 선교 역사를 바라봤습니다. 하지만 서구 문화에 얽매인 복음 전도로 인해 많은 시행착오와 학습효과를 갖게 되었습니다. 이 책에서 여실히 보여주는 것처럼, 복음은 서구 교회의 전유물이 아니라, 세계 열방을 통해 열방으로 이어지고 있습니다.

저는 지금 호주 멜버른에 살면서, 호주침례교선교회(Baptist Mission Australia)와 함께 선교사 지원 활동하고 있습니다. 올해의 사역은 "우리보다 앞서 행하시는 하나님"(The God who goes before)입니다. 정말 하나님은 우리보다 항상 앞서가십니다.

이 책에 함께한 선교사님들, 또는 이야기를 보낼 수 없는 형편에 있었던 선교사님들, 그리고 앞으로 '보내심'을 받을 준비를 하는 선교사 지망생들 모두, 우리보다 앞서 행하시는 하나님의 인도하심과 도우심과 능력 주심을 삶 속에서 체험하고 고백하며 나아가시기를 기도합니다.

프롤로그

부르시고 보내심
Calling and Sending

탁지일 교수 (부산장신대학교 교회사)

　보내심을 받은 한국 여성 의료 선교사들의 삶과 사역에 대한 자전적 고백들을 읽으며 고마움과 미안함을 동시에 느꼈다. 매일 아침 선교사들의 이야기를 한 편씩 읽으며 정리할 때마다, 어김없이 애틋하고 먹먹한 감동이 찾아왔다.
　의료분야에 무지하고, 해외 선교를 해보지도 못한 내가 이들의 이야기를 책으로 편집한다는 것 자체가 '도무지 가당치 않은 일'이라고 생각하면서도, 부끄러운 부담감을 가지고 작업을 이어갔다.
　'여성을 위한 여성의 선교'를 꿈꾸며 '보내심'을 받은 호주 여성 의료 선교사들이 6·25전쟁 당시의 피난지 부산에 일신기독병원을 세웠고, 이곳에서 근무하던 한국 여성 의료인들이 스스로 선교사가 되어 세계 각지로 '보내심'을 받았다.
　가깝게는 일본으로부터, 멀리는 이름조차 생소한 서부 아프리카 섬나라 카보베르데라는 나라에 이르기까지, 일신기독병원 출신 의료선교사들이 수십 년 동안 빛도 없이, 이름도 없이 오지 곳곳에서 신실하게 사역해 오고 있다.

"이분들의 이야기를 세상에 내놓아 달라"는 제안을 받은 후, 교회사의 한 장을 기록하겠다는 마음으로 작업을 시작했다.

하지만 선교사들의 이야기를 하나씩 읽어 내려갈 때마다, 하나님의 은혜에 감사하는 마음과 함께, 자꾸만 부끄러워지는 내 모습을 매 순간 느껴야만 했다. 아마도 불가능하겠지만, 이 책이 출간되면, 선교지 한 곳 한 곳 방문해서 전달해 드리며, 정말 수고하셨고 감사하다는 인사를 전해드리고 싶다.

호주에서 온 젊은 여성 의료 선교사들이 우리나라로 '보내심'을 받아, 그들의 아름다운 시절을 소외된 한국의 형제자매들을 위해 바쳤는데, 이들이 세운 병원에서 근무하던 한국 여성 의료인들이 다시 선교사들이 되어 열방을 향해 '보내심'을 받았다는 사실은, 하나님의 섭리와 인도하심 외에는 달리 설명할 길이 없다.

이 책의 목적은 일신기독병원 출신 의료 선교사들의 이름을 한 분씩 불러드리며, 귀하고 소중한 사역에 감사드리고, 그동안 겪으신 힘듦과 외로움을 조금이라도 위로해 드리려는 것이다. 또한, 서로 만날 수 없는 일신의 동료, 선후배 선교사들이 세상 어디에선가 데칼코마니처럼 동일한 선교 사역을 묵묵히 감당하고 있다는 기쁜 소식을 전하려는 목적도 있다.

그리고 가능하다면, 코로나19 시대 속에서 이 이야기들을 읽는 이들도 그리스도의 신실한 제자로 살아가려는 소망을 갖기를 바라는 마음도 포함되어 있다.

이 모든 일의 시작은 캄보디아 프놈펜의 왕립농업대학교보건실에서 사역하고 계시는 신기조 선교사로부터 시작되었다.

일신기독병원에서 간호사와 원목으로 삼십여년을 사역하다가 캄보디아 의료 선교사로 '보내심'을 받은 신기조 선교사가 세계 각지의 일신기독병원 출신의 의료 선교사들에게 일일이 연락하고 자료를 모았다. 그의 의지와 수고가 없었다면 이 책은 결코 세상 밖으로 나올 수 없었다.

스스로 병마와 힘겹게 싸우는 처지에서도 '보내심'을 받은 일신의 동료, 선후배들의 이야기를 세상 밖으로 나오게 하려는 일념으로 애쓴 신기조 선교사에게 깊은 존경의 마음을 갖게 된다.

신기조 선교사는 일신 출신 선교사들에게 원고 청탁서를 보내면서 다음과 같이 책 출간의 필요성과 의미를 설명했다.

> 하나님께서 호주 선교사님들을 통해 부산에 일신기독병원을 세우셨습니다. 선교사님들은 6·25전쟁의 피난지, 부산에서 산부인과 전문병원을 시작하셨고, 의사와 조산 간호사들을 훈련하셨습니다.
> 더욱 감사한 것은, 하나님의 사람들을 이곳으로 부르시고 훈련하신 후에, 각자의 부르심을 따라 열방으로 나아가게 하셨습니다.
> 어떤 분은 일신에서 예수님을 만나 선교사가 되었고, 어떤 분은 선교사로 가기 위한 훈련을 받기 위해 일신에 왔습니다.
> 각자 삶의 여정은 다르지만 우리는 일신을 거쳐서 하나님께서 원하시는 선교 현장으로 보내심을 받았습니다.

그리고 우리는 오늘 예수님과 함께 행복한 삶을 살고 있습니다. 오래 전 호주 선교사들이 한국을 위해 일하게 하신 하나님께서, 오늘 일신 출신 선교사님들이 열방을 위해 일하도록 인도하고 계십니다.

생명은 멈추지 않습니다. 하나님의 일하심과 하나님의 생명이 흘러감을 자랑하고, 하나님의 하나님 되심과 예수님의 주되심을 드러내는 여러분의 행복한 사랑의 이야기를 한국 교회와 다음 세대들에게 전하려고 합니다.

스물다섯 명의 일신기독병원 출신 해외 선교사 중 열아홉 명의 이야기가 이 책에 실려 있다. 이름과 사역 지역을 밝힐 수 없는 선교사님들의 안전과 평안을 위해 기도하며, 이 책에 포함되지 못한 여섯 명의 선교사의 이야기도 물론 기억되어야 한다.

일신기독병원과의 만남, 병원에서의 신앙과 삶, 해외 선교를 결심하게 된 동기, 현재 사역 중인 나라를 선택한 이유, 선교지 초기 정착 과정에 대한 회상, 가장 힘든 순간, 가장 보람되었던 순간, 앞으로의 소망, 일신의 동료와 선후배들에게 전하고 싶은 이야기, 함께 나누고 싶은 기도 제목들이 관련 사진들과 함께 담겨있다.

섬김의 모범을 보여주신 예수님은 "갈지어다 내가 너희를 보냄이 어린 양을 이리 가운데로 보냄과 같도다"(눅 10:3)라며 애절한 심경으로 제자들을 파송하셨다.

선교는 '부르심'과 '보내심'의 반복적인 역사이다. 성경적으로 '보내심을 받는다'라는 의미는 '실로암'(요 9:7)이라는 뜻인데, 실로암은 병 고침의 상징적인 장소이다. 실제로 '보내심'을 받은 일신기독병원 출신 여성 의료 선교사들이 세계 곳곳에서 치유와 회복의 '실로암'을 만들어 나아가고 있다.

이 책은 일신기독병원 여성 의료 선교사들의 삶과 사역에 빈틈없이 개입하신 하나님의 인도하심에 대한 신앙고백이자 목회서신이다.

나를 지으시고 부르신 하나님의 은혜

김미화 선교사 (아프리카 카보베르데 공화국, Cape Verde) [1]

서부 아프리카의 자그마한 섬나라 카보베르데(Cabo Verde)에서 사는 98기 조산사 '김미화 선교사'입니다.

원고 청탁을 받고 난 후 많이 고민하게 되었습니다. 해외에서 선교사로 살고 있지만, 유방암 수술과 항암치료 후 호르몬 억제제 복용으로 몸이 갑자기 늙어가는 상태라, 몸의 여기저기에서 문제가 나타나 건강하지 못한 육체로 현재를 보내고 있습니다. 지금도 허리의 통증으로 제대로 앉지 못하고 있는 상황입니다.

이러한 상황이라 어떠한 사역도 하지 못하고 있어 뭐라고 써야 할지 막막하게 다가왔습니다. 지금 제가 할 수 있는 일은 몸을 관리하며 남편선교사와 아이들을 가정주부로 섬기는 일만 하고 있기에, 해외 선교사의 삶과 사역을 나누는 것이 저에게는 부담으로 다가올 수밖에 없었습니다.

---

1 '카보베르데'로 불리운다, Cape Verde

'선교사'라면 선교지의 영혼들에게 복음을 선포하고 전도하며 많은 영혼을 주님께로 인도하는 것이 주된 사역이라고 생각하고 있어서인지, 지금의 저의 모습이 부끄럽게만 느껴졌습니다.

주님께 조용히 기도하면서 어떻게 해야할 지 주님의 인도하심을 구했습니다. 주님은 저에게 "나를 지으신 이가 하나님, 나를 부르신 이가 하나님, 나를 보내신 이도 하나님, 나의 나 된 것은 다 하나님 은혜라"라는 찬양의 가사로 모든 것이 주님의 은혜임을 알게 하셨고, 지금 저의 모습도 기쁘게 받으심을 깨닫게 하셨습니다.

인간의 최고 목적은 "하나님을 영화롭게 하고 영원토록 하나님을 즐거워하는 것"이기에, 제가 주님을 영화롭게 하고, 주님을 즐거워하기를 원하시며, 어떤 사역보다도 주님이 어떻게 저를 인도하셨고, 인도하고 계시며, 앞으로도 인도하실 것임을 믿는 믿음을 통해 주님이 영광 받으시기를 기뻐하신다는 것을 알게 하셨습니다.

그래서 이렇게 글을 쓰게 되었습니다. 저의 부족한 삶을 통해 오직 주님의 이름이 높임을 받으시고, 주님이 영광 받으시기를 소망합니다.

벌써 이십이 년 전의 일이라 기억을 더듬어 봅니다.

대학생 때에 선교사로 부르심을 받은 저는 1999년에 단기 선교팀에 소속되어 아프리카 말리에 다녀왔습니다. 아프리카를 갔다 오면서 앞으로 선교사로 나가기 위해 준비되어야 할 부분이 있을 것 같아 기도하던 중, 일신기독병원의 조산사 수련 과정을 알게 되었고, 2000년 98기로 입사하여 수련 과정을 밟게 되었습니다.

수련 과정 동안 기숙사에서 지내게 되었습니다. 기숙사 안에서 믿음의 조산사 선배님들이 계셔서 함께 교회를 다니며 성경 공부를 할 수 있었습니다. 조산사 수업과 근무를 병행하며 수련을 받는 것은 체력적으로 쉽지 않았습니다. 하지만 간호부장님과 간호과장님, 그리고 믿음의 조산사 선배님들의 배려와 인도해 주심으로 조산사 수업과 근무를 잘 이어갈 수 있었습니다.

믿음의 공동체 안에 있어서 행복했습니다. 일신 가족들이 함께 예배드리고, 기도하고, 병동을 돌면서 찬양으로 환우들을 위로하며, 복음을 전하는 시간 속에서 주님 안에 있으므로 힘과 위로를 받았습니다.

해외 선교를 결심한 시기는, 대학 2학년 예수병원에서 실습할 때, 한국 땅에 선교사로 와서 살다가 순교하신 선교사님들의 무덤들을 보게 되었습니다. 그분들의 헌신과 수고, 그리고 죽으심과 사랑이 있었기에 지금 한국에 믿음의 뿌리가 내려 저 자신이 예수 그리스도를 믿게 되었음을 강하게 느꼈고, 그 주님의 은혜에 한없이 울면서 부르심을 받게 되었습니다.

그 뒤, 해외 선교를 위한 준비를 하면서 선교지를 두고 기도하던 가운데 아프리카에 대한 비전을 품게 하셨고, 지금의 남편선교사를 만나 선교지로 나오게 되었습니다.

2006년부터 2009년까지 아프리카 말리에 있었기 때문에, 항상 저희의 마음은 서부 아프리카에 관심이 있었습니다. 그런데 서부 아프리카 섬나라로 오게 된 것은 이곳에 사역하고 계시는 한 선교사님의 강한 권고에 따라 순종하게 되었습니다.

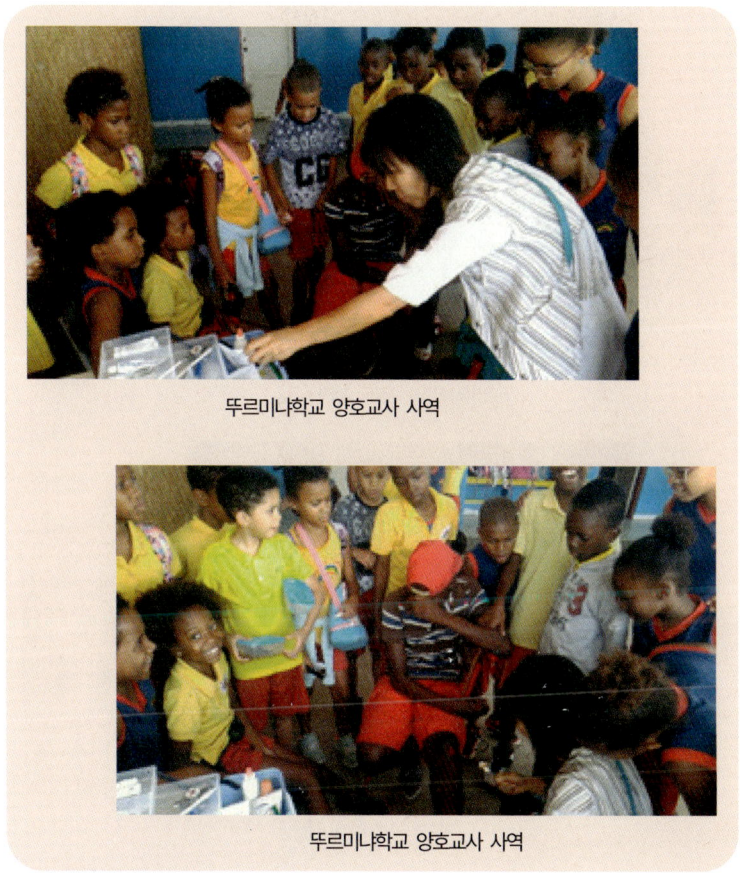

뚜르미냐학교 양호교사 사역

뚜르미냐학교 양호교사 사역

   그러나 모든 것이 주님의 손에 있기에 '이 또한 주님의 인도하심이다'라고 믿으며, 지금까지 묵묵히 사립학교의 태권도 사역을 감당하고 있습니다.

   저희가 이곳 카보베르데에 올 때, 선교 후원자나 파송교회도 없이 갑작스럽게 들어왔습니다. 이에 따라 정착 과정이 순조롭지 못했고, 후원금이 월 칠십~팔십만 원 정도였던 시기라, 매달 주님이 채워주

뚜르미냐학교 태권도 사역

뚜르미냐학교 태권도 사역

시지 않으면 살 수 없는 상황이었습니다.

전적인 후원으로 살아가야 하는 선교사의 삶 속에서 주님은 저희에게 사람을 바라보지 않고, 오직 주님께만 매달리게 훈련시키셨고, 메마르고 간조한 광야 같은 시간을 허락하셨습니다.

이스라엘 백성들이 애굽에서 나와 사십 년간 광야를 지나며 주님을 경험한 것처럼, 저희도 초기 정착부터 사 년간은 광야 수업을 받았습니다. 광야에서 주님은 저희를 먹이시고 입히시고 이끄셨습니다.

네 하나님 여호와께서 이 사십 년 동안에 네게 광야 길을 걷게 하신 것을 기억하라 이는 너를 낮추시며 너를 시험하사 네 마음이 어떠한지 그 명령을 지키는지 지키지 않는지 알려 하심이라 너를 낮추시며 너를 주리게 하시며 또 너도 알지 못하며 네 조상들도 알지 못하던 만나를 네게 먹이신 것은 사람이 떡으로만 사는 것이 아니요 여호와의 입에서 나오는 모든 말씀으로 사는 줄을 네가 알게 하려 하심이니라 이 사십 년 동안에 네 의복이 해어지지 아니하였고 네 발이 부르트지 아니하였느니라 너는 사람이 그 아들을 징계함 같이 네 하나님 여호와께서 너를 징계하시는 줄 마음에 생각하고 네 하나님 여호와의 명령을 지켜 그의 길을 따라가며 그를 경외할지니라(신 8:2-6).

선교지에서 주님은 매년 힘든 시간을 허락하셨습니다. 가장 힘들었던 것은 믿고 신뢰했던 사람들에게 상처와 아픔을 받는 시간이었습니다.

이 힘든 순간들을 통하여 주님은 주님 자신이 어떤 분이신지를 남편선교사와 저에게 가르쳐 주셨습니다. 그 시간 속에서 주님은 저희에게 저희의 주인 되심을 계속 말씀하시며, 저희가 의지하고 있던 사람들 한 분, 한 분을 내려놓게 하셨습니다. 해마다 이들로부터 심한 상처도 받게 하셨습니다.

첫째, 선임선교사님으로부터 심한 상처를 받게 하셨습니다.

둘째, 태권도 배우는 아이들과 뚜르미냐학교의 아이들에게서도 상처를 심하게 받게 하셨습니다.

셋째, 저희의 언어에 조금이나마 도움을 주었던 뚜르미냐학교의 행정 디렉터에게서도 상처를 받게 하셨습니다.

넷째, 저희를 항상 위로해 주던 뚜르미냐학교의 소유주에게서도 심한 상처를 받게 만드셨습니다.

이를 통해 '하나님은 사람은 의지할 대상이 아니라 섬겨야 할 대상임'을 알게 하신 겁니다. 오직 주님만 바라보게 하신 겁니다.

너희는 여호와의 선하심을 맛보아 알지어다 그에게 피하는 자는 복이 있도다(시 34:8).

억울한 일을 당하는 동안에도 시편 저자의 이런 고백을 절실히 느끼고 깨닫게 하셨습니다.

저희는 언어를 배우지 못하고 선교지에 바로 들어왔고, 들어오자마자 남편선교사가 태권도 사역을 하는 바람에 언어에 집중할 시간이 없었습니다. 언어가 안 되니 현지인들에게 다가가는 것이 쉽지 않았습니다. 그러나 저희가 사는 이웃에게 선한 사마리아인처럼 선한 이웃으로 주변 이웃들에게 다가갔습니다.

이렇게 해서 만난 가정이 '클라우디우 가정'입니다. 클라우디우 가정은 2017년에 만났고, 저희가 사는 동네에서 가장 어려운 가정이었습니다. 두 아들과 엄마가 방 한 칸짜리 건물 안에서 살았는데, 그 안에는 침대 하나, 부엌용 싱크대 하나, 그리고 조그마한 테이블이 전부였습니다. 화장실은 건물 바깥에 간이용으로 만들어서 사용하는 상황이었습니다.

클라우디우 엄마는 매월 만 오천 에스쿠도(스페인의 화폐 단위, 원화로 약 십팔만 원 정도)를 벌어서 집세 오천 에스쿠도를 내고 나머지로 생활하는 극빈자 가정이었습니다. 저희는 한 달이나 두 달에 한 번씩 약간의 식료품과 생활용품을 후원해 주면서 오 년 동안 관계하고 있습니다.

이제는 클라우디우(15세)와 함께 성경 읽기를 하고 있습니다. 매주 금요일마다 성경 읽은 부분을 확인받기 위해 학교 수업을 마치고 우리 집에 들러 확인을 받고 집으로 갑니다. 일 년에 삼독을 하기도 하면서 읽고 있는데, 지금까지 꾸준히 하고 있어서 대견하기도 합니다. 성경을 읽으면서 성령의 조명하심으로 하나님을 깊이 알아가고 경험하기를 기도하고 있습니다.

지난 시 년 동안 남편선교사가 뚜르미냐학교에서 태권도 과목을 가르치고, 저는 양호교사로 아픈 아이들을 치료해 주면서 자연스레 아이늘의 가정사를 알게 되었습니다.

90퍼센트 이상의 아이들은 한 부모 밑에서 자라던지, 아니면 할머니, 할아버지, 이모, 고모, 삼촌의 손에서 키워지고 있습니다. 그래서인지 아이들의 생활 속에서 그들도 모르는 상처와 아픔들이 잘못된 행동 양상으로 나타나고 있음을 보게 되었습니다.

그런데 아이들도 어른들도 뭐가 문제인지 모르고 살아갑니다. 서로서로 믿지 않고, 진실함이 없으며, 거짓말이 나쁜 것임을 모릅니다. 또한, 혼전 성관계는 물론이고, 미혼모가 아이를 출산하는 것이 이상한 것이 아니며, 거의 90퍼센트 이상이 이혼하고, 다시 결혼하는, 아예 결혼도 안 하고 동거하는 경우가 다반사입니다. 이러다 보니 아이들의 출산율이 세계 96위(236개국 중)이고, 영아 사망률도 세계 68위로 높은 편입니다.

이곳의 아이들에게 하나님을 알려주고 싶습니다. 성경을 읽히고, 교리를 가르치며, 주님의 제자로 키워지는 기독교 학교를 세워 상처와 아픔이 있는 이 아이들에게 주님이 주시는 기쁨을 회복시키는 것이 앞으로의 비전이고 계획입니다.

고난은 축복입니다. 욥이 이유 없는 고난을 겪은 것은 욥에 대한 하나님의 믿음에서 시작된 것이었습니다. 우리에게 고난을 주시는 것은 우리에게 그런 고난이 오더라도 주님을 신뢰하는 믿음에서 멀어지지 않을 것을 아시기에 주님이 허락하시는 것임을 보게 됩니다. 지금 고난의 터널을 지나고 계시는 분들이 계신다면 조금만 더 인내하며 힘을 내세요. 분명 어둠의 터널을 지나 밝은 빛을 보도록 주님이 이끄실 것입니다.

저는 안식월을 위해 사 년의 광야 같은 고난의 터널 속을 지나 한국에 잠시 들어가 건강검진을 했는데 유방암 진단을 받았습니다. 고난의 터널을 지나느라 고갈된 체력은 유방암 수술을 하고 항암치료를 받는 도중 도저히 감당할 수 없을 것처럼 힘들게 다가왔습니다.

이때 주님이 저를 위로하듯이, 제가 있는 병실에 이십이년 전 일신기독병원 조산사 수련 기간 중 제가 받았던 신생아가 이십 세의 성인이 되어 맘모톰 시술을 하고 입원하게 된 것입니다.

제가 산모와 남편을 기억하고 있었던 것은 아이의 이름을 "여호수아에서 수아라고 짓는다"고 했기에, 저도 저희 딸의 이름을 '수아'라고 지었기 때문입니다.

김미화 선교사 가족 사진

클라우디우 가족

이십 세의 성인이 된 수아와 이야기하면서, "본인의 엄마도 몸무게가 38kg인데 이 년 전 유방암 2기로 수술을 하고 항암치료와 방사선 치료를 받으시고 지금은 잘 계신다"고 말을 하는 것이었습니다.

주님의 음성이 들리는 듯했습니다.

"미화야, 보고 있니?

내가 너도 회복시킬 테니 걱정하지 말아라!"

주님의 위로하심을 한없이 느끼며 주님으로 인해 기뻐할 수 있음을 경험했습니다.

주님을 경험하고 주님을 누리는 것이 '참 행복'입니다. 이러한 행복이 일신기독병원 가족들에게 충만하게 임하길 기도합니다.

그리고, 카보베르데에 기독교 학교 설립 및 운영이 주님의 때에, 주님의 방법으로 이루어지도록, 카보베르데와 뚜르미냐학교 태권도 사역에 주님의 나라와 영광이 임하시도록, 카보베르데 현지인들을 주님의 마음으로 사랑하고 섬길 수 있도록, 카보베르데에서의 매일의 삶 속에서 주님의 주되심과 왕 되심에 순종하고 성령 충만을 누리도록 기도 부탁드립니다.

또한, 성경 읽기를 시작한 클라우디우가 하나님의 은혜와 복음을 경험할 수 있도록, 성경교육과 교리교육을 통한 제자 양육이 이루어지도록, 하 선교사의 현지 운전면허증이 해결되고, 그의 자녀들의 통학과 태권도 사역을 위한 자동차를 공급해 주시도록 기도 부탁드립니다.

나의 작은 손을 통해 일하시는 하나님

김은희 선교사 (아프리카 우간다, Uganda)

　1993년 8월, 더운 연기가 훅 품어져 나오는 우간다의 엔테베공항으로 도착했습니다. 스물네 살 어린 나이에 어떻게 이곳에 오게 되었는지를 생각하며, 하나님의 은혜에 감사한 마음뿐입니다.
　초등학교 4학년 때 건축업을 하시던 아버지가 사고로 돌아가신 후, 집에서 아이들만 키우던 엄마는 남겨진 시어머니와 여섯 아이를 위해 생활전선에 뛰어들어 힘든 날들을 보내고 있었습니다. 우리는 지인으로부터 모자원이란 단체에 소개받고 들어가 생활하게 되었습니다. 교회에 속해 있었던 이곳에는 정규예배를 드렸습니다.
　처음 들었던 가나 결혼 잔치의 기적 이야기는 날 예수님께 매료시켰고, 예수님이 나의 삶의 모델이 되게 만들었습니다. 반에서 가장 작은 아이였고, 성격도 내성적이어서 누구도 나에게 관심을 두지 않는다고 생각하며 자랐지만, 하나님은 나에게 관심을 두고 계셨습니다.

십여 년의 세월이 흘렀고, 난 가정 형편과 큰언니의 조언으로 취업하기 좋은 간호학과를 선택했습니다. 간호학은 처음부터 나의 선택이 아니었기에, 공부는 안 하고 학생운동에 관심을 두고 시위도 하면서 일 년이 흘렀습니다.

그러던 중 교회 부흥회에 참석했는데, 이때 '십자가의 예수님, 구원의 하나님'을 만나게 되었습니다. 예수님처럼 살려고 항상 노력했고, 생활 속에서 도덕적으로 큰 죄들을 짓고 산 것이 아니었기 때문에 스스로 죄인임을 깨닫지 못했습니다.

그러나 나를 위해 십자가에 달리신 예수님 만나면서, 나의 죄는 '예수님을 바로 알지 못한 것이었고, 그분이 살아계신 분임을 알지 못한 것이었다'라는 사실을 깨닫게 되었습니다.

갈라디아서 2:20에서 "내가 그리스도와 함께 십자가에 못 박혔나니 그런즉 이제는 내가 사는 것이 아니요 오직 내 안에 그리스도께서 사시는 것이라 이제 내가 육체 가운데 사는 것은 나를 사랑하사 나를 위하여 자기 자신을 버리신 하나님의 아들을 믿는 믿음 안에서 사는 것이라"라고 말씀하신 것처럼 내 죄를 위해 십자가에 달려 돌아가신 예수님을 만나면서 나의 삶은 더 이상 혼자가 아닌 것을 알게 되었습니다.

삼 일 동안 금식을 하며 내가 왜 간호학을 해야 하는지 하나님께 물었습니다. 그때 하나님은 "간호학을 계속하라"라는 마음을 주셨지만, 나는 "하나님이 진실로 살아계시고 내 삶을 주관하신다면 증거를 보여 달라"라고 매달렸습니다.

김은희 선교사 가족 (딸 조이, 남편 앤드류 무디 선교사, 김은희 선교사)

    대학교 1학년 때는 워낙 공부를 안 해서 나에겐 불가능히게만 보였던 "최우수 장학금을 받게 해 달라"라고 기도하며 공부를 시작했는데, 놀랍게도 원하던 장학금을 받을 수 있었습니다.

    졸업 후 주일성수가 가능한 곳을 찾았지만, 대부분 공무원 자리어서 경력이 없이는 지원할 수 없었습니다. 결국, 기숙사가 있는 경기도 성남병원에 취직했지만, 주일마다 밤 근무나 낮 근무를 하게 되어, 교회를 가면 예배 시간 내내 졸다가 오는 일이 반복되어 힘들었습니다.

    일 년이 지나면서, '계속 이렇게 살 수 없다'라는 결론에 이르렀고, 입사 동기 친구들과 같이 사표를 냈고, '사우디에 갈 기회가 있다'라고 하여 신청서를 제출한 후 제주의 집으로 내려갔습니다.

당시 큰 언니가 오엠국제선교회(Operation Mobilization)를 통해 선교를 준비하고 있었습니다. 매일 같이 기도하러 교회로 가는 나에게 언니는 "신앙생활이 힘들다"라고 하면서 직장을 그만두었습니다. 그리고 "교회도 없는 무슬림 국가에 가는 것이 지혜로운 선택인가"를 물으면서 자비량 선교에 대한 도전을 주었습니다. 이 길이 주님이 원하시는 것인지를 놓고 간절히 기도하기 시작했습니다.

그러던 중, 1992년 '선교한국' 대회 광고가 교회에 게시되어 있는 것을 우연히 보고, 그다음 주에 언니와 함께 무작정 배낭을 메고 참석했습니다. '선교한국' 대회는 한양대에서 열렸는데, 시멘트 교실 바닥에 슬리핑백을 깔고 잠을 자며 참여했습니다.

마지막 날, 김상복 목사님의 창세기 1:1을 본문으로 한 설교에서 창조주 하나님을 만났고, 내 삶의 주인은 그리스도인 것을 깨달았습니다. 그리고 내가 헤매었던 이유가 나 스스로 나의 삶을 살려고 버둥거려 힘들었다는 것을 깨달았습니다. 그뿐만 아니라, 창조하신 하나님의 뜻이 선교라면 그길로 가야겠다고 결심했습니다.

'선교한국' 대회에서 우연히 한 언니(지금은 영국에서 사역하는 김금희 선교사)를 화장실에서 만났는데, 세면대에서 손을 씻던 중 갑자기 나에게 "어떤 일을 하느냐"라고 물어서 "간호사"라고 답했습니다. 그러자 "지금 외항선교회에서 간호사를 찾고 있다"라며 한 번 방문해 달라고 요청했습니다. 내가 "선교를 위한 훈련이 필요하다"라고 하자, "외항선교회에 모든 프로그램이 다 있다"라고 방문을 재차 권했습니다.

외항선교회를 방문했던 날, 선교회가 기다리고 기도하던 우간다로 보낼 간호사가 왔다고 기립 박수로 환영받았고, 곧바로 6개월 합숙 훈련을 받게 되었습니다. 교회 파송이었고, 모든 것의 일정이 마치 준비되었던 것처럼 진행되었고, 마침내 우간다 땅을 밟게 되었습니다.

우간다를 잠시 방문해 비자와 관련된 일을 처리한 후, 케냐에서 3개월간 영어훈련을 받았습니다. 12월경에 다시 우간다 북서부 지역인 아루아(Arua)로 들어가 오십여 년 전 아프리카내륙선교회(Africa Inland Mission, AIM) 선교사들이 세운 클루바선교병원에서의 삶과 사역이 시작되었습니다.

그곳은 고 김정윤 간호 선교사님이 1985년부터 팔 년간 사역했던 장소였습니다. 선교사님께서 간호 학교를 세우고 현지 지도자에 인계하신 후, 1993년 새로운 사역지로 옮기면서 클루바선교병원에 두 명의 한국 간호사 파송을 요청하셨습니다. 김 선교사님은 한국기독간호협회를 통하여 클루바에 두 채의 집을 지어 놓고 모든 준비를 미리 해 두셨습니다. 임정미 간호사는 2년, 나는 3년의 첫 사역 기간을 약속했고, 그렇게 우간다 선교지의 삶은 시작되었습니다.

1990년대 우간다 시골에는 전기공급과 수도시설이 없었습니다. 물은 빗물을 받아서 사용하거나, 우물에서 길어다 쓰는 실정이었습니다. 나는 일 년 남짓 되는 내과와 정형외과 병동 경력만 있었는데, 수술실 수간호사를 맡게 되어 수술실 간호에 관한 책을 구하고 모든 수술에 참여하며 배우면서 일했습니다.

김은희 선교사와 어린이들

　물과 전기가 없는 수술실은 생각조차 못 했던 환경이었습니다. 날씨가 너무 더워 창문은 열어 놓았고, 자연광 아래서 수술해야 했으며, 손 소독은 옆에서 물바가지를 부어주며 씻는 상황이었기에, 최소한의 무균법도 지킬 수 없는 형편이었습니다.

　한번은 이런 열악한 상황에서 허벅지의 피부를 벗겨 손의 화상을 덮는 피부이식수술을 진행한 적이 있습니다. 수술 후 환자가 감염으로 어떻게 될 줄 알았는데, 며칠 뒤 상처를 풀어보니 아주 깨끗하게 피부가 이식된 것을 보고, 사람이 하는 일이 아니라는 것을 깨닫게 되었습니다. 이를 통해 저는 우리가 할 수 있는 최선을 다하면, 주님께서 고치시고 치료해 주시는 것이라는 사실을 배울 수 있었습니다.

전기공급이 불안정했기 때문에, 병원에서는 큰 발전기를 사용해 소독기를 돌렸고, 저녁 응급 수술은 작은 발전기를 사용했는데, 이마저 갑자기 수술 중 멈추면 호롱불을 켜서 들고 수술을 마무리해야 할 때도 있었습니다.

그런데도 수술 후 치료되어 집으로 돌아가는 환자들을 보면, 아프리카는 갖추어진 것들이 없기 때문에 하나님의 긍휼히 더 내려지는 땅이 아닌가 하는 생각도 들었습니다.

저의 삶의 환경은 어려웠지만 참 행복했습니다. 선교지에 도착하자마자, 왜 살아야 하는지 혹은 왜 이 일을 해야 하는지 등 이전에 나를 옭아맸던 질문들이 순식간에 사라져 버렸습니다. 그저 하루하루의 삶이 행복과 감사의 연속이었고, 하나님에 대해 더 배우고 알아가는 시간이었습니다.

대부분의 수술실 스텝은 나와 비슷한 나이거나 더 많은 나이였는데, 어린 수간호사의 말을 잘 들어 주었고, 매주 성경 공부를 함께 하면서 서로의 삶을 나눌 수 있었습니다. 근무를 마친 오후 시간에는 주로 여러 그룹과 성경 공부를 했는데, 가장 기억에 남는 일은, 에이즈 환자들의 성경 공부를 맡았던 리더 두 사람과 성경 공부를 하며 나누었던 시간입니다.

사십 대 정도의 남녀 두 분이었는데, "삶의 종착역이 있다는 것을 아는 것이 오히려 다행이라"라고 하면서, "본인들은 본향으로 가지만 남겨질 자녀들의 미래가 걱정된다"라는 말을 자주 했습니다. 죽음을 앞둔 그리스도인들의 준비가 이렇게 평안할 수 있다는 것을 배우는 동시에, 솔직하고 숨김없는 나눔의 시간이 너무 좋았습니다.

주중에는 병원 생활과 성경 공부로, 주말에는 노방 전도와 교도소 전도로 바쁘게 지냈는데, 저녁이면 대부분 호롱불 밑에서 책을 보거나 편지를 쓰곤 했습니다.

한 주에 한 번 뜨는 경비행기가 오면 편지를 가져오고 부칠 수 있었습니다. 한국에서 소식이 오가는 것은 최소 두석 달이 소요됐습니다.

일 년쯤 지났을 때, 눈이 잘 보이지 않아 케냐에 가서 시력검사를 했습니다. 그 결과, "시력이 갑자기 배로 나빠졌는데, -4, -8까지 떨어졌다"라면서 저녁에 호롱불 밑에서 책을 보지 말 것을 권했고, 이에 저녁 시간에는 일찍 잠을 잤습니다.

아루아 지역은 분지로 덥기도 했고, 말라리아 집산지라서 자주 말라리아에도 걸렸는데, 그때는 치료 약이 클로로퀸과 퀴닌밖에 없었습니다. 말라리아 예방으로 "클로로퀸을 먹으라"라고 했지만, 눈을 나쁘게 하는 부작용이 있어서 자주 먹지는 못했습니다. 그래서였는지 이 년이 넘어서는 거의 한 달에 한 번쯤 말라리아 증상을 느꼈고 약을 먹어야만 했습니다.

삼 년째가 되던 해에 사흘 밤낮을 토한 후 황달기가 나타나기 시작했습니다. 간염을 의심했고, 간 기능 검사를 받기 위해 케냐의 나이로비(Nairobi)로 가기 전, 우간다의 수도 캄팔라(Kampala)에서 이틀 정도 머물 때는 몸을 움직일 수가 없었습니다.

침대에 누워 하나님만 찾는데, 몇 시간 동안 같은 질문이 머리 안을 맴돌았습니다.

"왜 내가 여기서 이렇게 아파야 할까?"

"나를 우간다에 보내신 하나님께 내가 아픈 것이 무슨 이익이 될까?"

같은 질문을 계속해서 반복하다가 잠이 들었습니다.

비몽사몽간에 하나님 사랑의 기운이 나의 머리끝에서 발끝까지 덮었고, 갑자기 형용할 수 없는 평안과 기쁨으로 가득 찼습니다. 그리고 나는 고백했습니다.

"이것으로 족합니다!"

마치 천국에서의 느낌 같았습니다. 절대적인 만족감이었습니다. 곧바로 회개의 눈물이 터져버렸습니다.

이렇게 사랑의 하나님을 직접 체험했는데, 이를 통해 그저 '주님 한 분만이 나의 절대적인 만족이 될 수 있다'라는 것을 배우는 계기가 되었습니다. 치유는 육체적인 것을 넘어 영적이라는 것을 직접 경험하게 된 것입니다.

다음날 나는 여전히 아팠고 기운도 없었지만, 내 안에 완전한 치유가 이루어졌기에, 더 이상 아픔이 주는 고통이 나를 지배하지 못했습니다.

간 기능 검사의 결과는 '만성 말라리아'를 받았는데, 간에 용혈이 일어난 상태여서 절대 안정 육 개월 판정이 나왔습니다. "라륨"이라는 당시 새로 나온 말라리아 약을 먹고 거의 두 달가량을 요양한 후 클루바로 돌아올 수 있었습니다.

이후 석 달가량 안정을 취해야만 했는데, 아무것도 내 의지대로 할 수 없었던 힘든 시간이었습니다. 다시 육 개월 뒤 말라리아가 나와서 퀴닌 치료를 했고, 삼 년 기간을 마쳤기에, 한국으로 귀국할 것인지,

아니면 사역의 임기를 연장할 것인지 결정해야 하는 시간이 찾아왔습니다.

'내 인생의 꽃과 같은 시기!'

선교지에서의 경험은 너무 귀했기에, 기쁜 마음으로 이 년을 더 연장했습니다.

클루바 병원은 국제적인 의료 선교사들이 많이 왔습니다. 독일, 한국, 미국, 영국의 의료팀 등 각 나라에서 주로 젊은이들이 많이 와 섬기는 장소였습니다. 내가 연장한 이 년 동안 미국에서 리사 간호사(한인 1.5세), 한국에서 온 이미경 간호사, 영국인 앤드루 약사, 독일인 안드레아 영양사와 마리아나 물리치료사 이외에도 여러 명의 외국 의료진들이 선교사로 와서 섬겼는데, 함께 좋은 교제가 있었고 지금도 소식을 주고받는 좋은 친구들로 남아 있습니다.

오 년간의 임기를 마치고 1998년 8월 한국으로 귀국한 후, 앞으로 계속 선교지에서 전문인으로 섬기려면 조산사 과정과 공중보건을 더 공부해야 한다는 생각에 부산 일신기독병원 조산사 과정을 지원했습니다.

당시는 국제통화기금(IMF) 외환위기로 경제난을 심하게 겪고 있던 시기라 간호과를 졸업한 이들이 직장을 찾기 힘든 때였습니다. 그래서 일신기독병원으로부터 96기 조산사 과정을 해당 년도 졸업자에게만 기회를 준다고 통보받았습니다.

조산사 과정 정원 모집이 삼십 명이었는데, 이렇게 모집했는데도 지원자 수만 삼백여 명이 몰려 10대 1의 경쟁률을 나타냈습니다.

김은희 선교사와 교우들

나도 떨어졌는데 '이 코스를 꼭 해야 한다'라는 생각에 김영자 부장님께 전화했고, 사정을 이야기했더니, "인터뷰는 할 기회를 주겠다"라고 하여 감사한 마음으로 인터뷰에 갔습니다.

인터뷰에는 모두 젊고 외모가 좋은 해당 년도 졸업자들이 대부분이었고, 나만 유일하게 경력자였습니다. 그래도 난 용감하게 이 코스를 해야만 하는 이유를 설명했고, 하나님의 은혜로 96기 조산사 과정에 들어갈 수 있었습니다.

나이가 제일 많다는 이유로 기장이 되었고, 젊은 동기들의 도움을 받으며 일 년의 교육과정을 무사히 마칠 수 있었습니다. 김영자 부장님, 이혜숙, 문길남 감독님, 신기조 목사님, 그 외에도 여러 귀한 선생님의 사랑과 격려는 조산사 과정을 더욱 특별히 만들어 준 시간이었습니다.

우간다에서 임산부들을 도울 때마다 한국에서 처음 조산 교육을 시작하신 호주 의료 선교사 매켄지 자매에게 감사한 마음을 가졌습니다. 두 분이 힘들게 시작했지만, 그분들의 한국 의료 사역의 열매들이 전 세계로 흩어져 그리스도 안에서 다시 한 번 조산이라는 귀한 도구로 한 하나님을 섬기며 전하고 있으니, 천국에서 정말 기뻐하실 것이라는 생각이 듭니다.

감사하게도 96기 조산사 과정 동기들은 기도와 후원으로 지금껏 우간다 의료 사역을 후원하고 있습니다.

조산사 과정 후 공중보건 단기 코스를 찾아 서울대에서 가정간호 일년 과정을 하는 동안 조산사로 개인 병원에서 밤 근무를 했는데, 이때도 조산 과정을 일신기독병원에서 참 잘 배웠다는 것을 확인할 수 있었습니다.

훈련받으며 한국에서 삼 년이란 시간을 보냈고, 서른 살을 넘기며 결혼에 대해 생각하게 됐습니다. 여러 사람을 만나봤지만, 비전을 같이 할 사람을 만나는 것이 쉽지 않았습니다.

전에 클루바선교병원에서 북아일랜드 태생으로 약사 선교사로 와서 함께 사역하던 앤드루가 정식 교제를 요청했던 적이 있었는데, 국적이 달라서 안 된다고 거절했었습니다. 그냥 친구로 지내기로 하고 난 한국으로, 그는 영국으로 각자 돌아가 훈련받고 있습니다.

사람들을 만나기 위해 화장하며 외모를 꾸미는 나의 모습을 보면서, '나를 전혀 모르는 사람을 만나 함께 맞추며 살아간다는 것이 힘들 것 같다'라는 생각이 들었습니다.

동시에 내가 가장 귀하게 생각하는 선교지의 형편들에 대해 말을 안 해도 알아주고, 나의 꾸민 모습이 아닌 있는 그대로의 나를 받아줄 사람이 그리웠습니다. 게다가 집에서도 결혼하지 않으면 다시 선교지로 나갈 수 없다며, 선교지로 가더라도 결혼하고 가라고 하시던 차였습니다.

결정이 필요한 시간에 앤드루를 생각하게 되었고, 간단한 이메일을 보냈습니다. 여자 친구가 있는지를 물었던 나의 이메일을 받은 앤드루가 답장을 보내왔는데, "한 달 후 신학교 방학 때 한 달간 한국을 방문하겠다"라는 내용이었습니다.

결혼 문제를 가지고 기도하고자 친구와 같이 금식 기도원을 찾았고 금식 하루 만에 응답을 받았습니다. 마침내 앤드루가 한국에 왔고, 본인이 모든 비용을 감당할 것이니 북아일랜드에 와서 신학을 공부하라고 제안했습니다. 가족과 외항선교회에 앤드루를 소개하니 모두 찬성했습니다.

2001년 8월, 약혼한 상태로 북아일랜드에 가서 신학 공부를 시작했고, 그해 12월에 결혼을 했습니다. 나는 신학 2년 과정을, 그리고 앤드루는 신학 석사과정을 마치고 2004년 4월에 5개월 된 딸 조이를 데리고 다시 우간다로 들어갔고, 고 김정윤 선교사님이 사역하시던 네비(Nebbi) 지역으로 들어갔습니다.

그 후 십팔 년이 지났습니다.

십오 년 이상 김정윤 선교사님과 의료 사역을 같이 하며 멘토와 동역자로 많이 배웠고, 그분과 함께 할 수 있었던 시간은 은혜였고 축복이었습니다. 선교사님은 1970년대에 매켄지 자매 선교사님 밑에서 조산 교육받았던 이야기를 하시곤 했습니다.

한번은 본인이 주일성수를 하고 싶어 주일날 쉴 수 있겠는지에 대해 물었다고 합니다. 그런데 선교사님의 대답은 "주일이라고 애가 안 나옵니까"라고 되물으셔서 아무 말도 할 수 없었다고 웃으면서 이야기하곤 하셨습니다.

2016년 김정윤 선교사님께서 하시던 일을 맡게 되었습니다. '큰 손'이셨던 선교사님을 생각할 때마다, 우리가 비록 자신이 없을지라도, 우리의 '작은 손'을 통해 하나님 일하시도록 펼쳐만 두면 되는 것임을 깨닫게 하셨습니다.

처음 코디네이터 일을 맡았을 때 행정 일은 안 맞는다는 생각을 했지만, 나의 삶을 다시 되돌아보면 하나님이 어떤 일을 맡기셨을 때는 항상 이유가 있었다는 사실을 알게 되었습니다.

항상 주어진 시간을 제대로 누리지 못한 것에 대해 후회했던 경험을 기억하면서, 맡겨진 일에 최선을 다하고 주어진 시간을 즐기고 누리기로 마음을 바꿔 먹었습니다. 이를 통해 더 넓은 안목을 가지고 기쁘게 의료 선교 사역을 감당할 수 있었습니다.

현재 교회 산하 다섯 개의 의료기관을 돕고 관리하는 코디네이터의 일을 감당하고 있습니다. 남편 앤드루 무디 선교사는 문서 사역과 목회자 교육 사역을 감당하면서, 남수단 난민 목회 교육에 집중하고 있습니다.

'쓰임을 받는다'라는 것은 대단한 은혜이고, 축복이고, 특권인 것을 느끼면서 자격이 없는 우리를 쓰시는 하나님께 감사드릴 뿐입니다.

한 번도 직접 뵌 적은 없지만, 일신기독병원을 처음 시작하시고, 한국의 모자보건에 큰 영향을 끼친 호주 선교사 매혜란과 매혜영 자매에게 감사한 마음입니다.

이들의 헌신과 조산 교육을 통해 수많은 인재가 양성되었고, 이들이 세계 각지에 흩어져 하나님의 선하신 일들을 다시 감당하고 있다는 사실이 놀랍습니다. 매켄지 자매가 시작한 일이, 나와 같은 작은 선교사들이 사역하는 선교지 곳곳에서도 동일하게 지속해서 일어나기를, 그래서 오직 주님만이 영광 받으시기를 기도합니다.

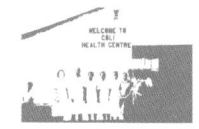

밑 빠진 독에 물을 부으면, 그 아래 풀이 자란다!

고(故) 김정윤 선교사 (아프리카 우간다, Uganda)[2]

2022년 2월 2일, "우간다의 나이팅게일"로 불렸던 김정윤 선교사는 하나님의 부르심을 받았습니다. 안타깝게도 고(故) 김정윤 선교사의 자필 기록을 이 책에 담을 수는 없었지만, 언론 보도와 그를 추모하는 주변 지인들의 증언으로 삶과 사역을 재구성했습니다.

김정윤 선교사는 삼십이 년간 우간다에서 독신 간호선교사로 사역했습니다. 1971년 부산 일신기독병원 조산 교육을 수료한 후, 미국으로 이민을 가서 간호사로 일했습니다. 이후 아프리카내륙선교회(Africa Inland Mission, AIM) 뉴욕 본부에서 훈련을 받고, 1985년 부활주일, 한국외항선교회와 연동교회의 파송으로 우간다 땅을 밟았습니다.

정치적 학살과 에이즈를 비롯한 각종 질병이 만연한 우간다에서 진료와 간호 교육 및 전도자 양육 사역을 진행했고, 그 공로를 인정받아 문교부장관상(1970년, 현 교육부장관상), 미국 펜실베이니아주 간호

---

[2] 고(故) 김정윤 선교사의 사역은 언론 보도와 그를 추모하는 지인들의 증언으로 구성했다.

협회 간호사상(1982년), 서재필기념재단 봉사상(1993년), 언더우드 선교상(2005년), 대한기독간호사협회 공로상(2011년) 등을 수상했습니다.

무엇보다 그는 삼십사 년간 헌신적인 우간다 의료 선교 사역을 감당했습니다. 김정윤 선교사는 우간다 클루바에 간호 학교를 설립했습니다. 교과서 한두 권을 구해 아홉 명의 학생과 시작했는데, 칠판과 분필이 없어 검게 칠한 나무에 식물 뿌리 말린 것으로 대신해 쓰고, 먹을 것이 없어 죽을 끓여 먹고, 배고프면 성경을 읽고 찬송하며 지냈습니다.

학생들과 함께 전도하며, 간호사는 전도자가 되어야 한다고 가르쳤습니다. 그녀는 '주님의 말씀을 잘 듣고, 울고, 떼쓰며, 도움을 구하는 자가 하나님이 가장 기뻐하시는 선교사'라고 믿었습니다.

또한, 자신을 선교사가 아닌 "시스터 김"(Sister Kim)이라고 부르도록 할 정도로 겸손히 주님과 이웃을 섬겼으며, "선한 싸움을 다 싸운 후, 하나님께서 기쁜 마음을 주셔서 행복했어요"라고 고백했습니다(CGNTV).

김정윤 선교사는 자신을 우간다에 보내신 하나님을 향해 어떤 상황에서도 불평하지 않았습니다. 우간다의 최초 한인 선교사인 김정윤 선교사를 아직도 그리워하며 감사한 마음을 전하는 지인들의 증언을 통해 그녀의 우간다에서의 선교와 삶을 들여다볼 수 있습니다.

선교사님은 남을 배려하고 섬기는 은사가 특별했습니다. 누군가 도움을 요청하면 결코 거절하지 못했습니다. 여러 다른 선교사들의 어머니 연세였지만, 늘 존대하시고 최선으로 존중해 주셨습니다. 후배 선교사들이 클루바에 있을 때, 2-3시간 걸리는 위험한 길을 달려오셔서 망고를 비롯한 귀한 음식을 전해주시고 위로해 주셨습니다.

한번은 후배 의료 선교사들에게 이런 질문을 하셨습니다.

"만약에 피 흘리는 응급환자가 왔다면, 무엇을 가장 먼저 해야 하는가?"

선교사들은 의료인으로서 해야 할 답변을 했습니다. 하지만 선교사님의 답변은 "내 맘에 주님의 평안이 없다면, 잠시 짧게라도 기도하고 응급조치를 해야 한다"라고 말씀하시는 거였습니다.

선교사님은 십여 년의 선교 사역의 경험에서 나온 꼭 필요하고 애정 어린 권면을 젊은 후배 선교사들에게 주셨습니다. "무엇을 하든지 주께 하듯 하고, 또한 모든 일을 주님께서 하고 계신다는 것을 인정하는 그리스도의 증인으로 사는 삶을 살라"고 부탁하셨습니다.

선교사님은 저에게 때로는 어머니 같은 분입니다. 때로는 일과를 마치고 잡담도 나누며 투정도 부렸던 언니 같은 분, 친구 같은 분이었습니다. 집 문턱은 늘 낮아서, 후배 선교사들과 우간다 사람들도 편하게 찾아왔습니다.

전쟁을 경험하셨던 선교사님은 방문자들에게 늘 풍족한 음식을 대접해 주셨습니다. 나눔을 즐거워하셨고, 베푸는 마음이 풍성한 분이었습니다. 그러면서도 자신은 최소한의 것으로 살아가셨습니다. 자신이 받은 선물도 더 필요한 이들에게 나누어 주셨습니다.

선교사님께 "아프리카에서의 의료 사역은 밑이 깨진 독에 물을 붓는 것 같은데, 언제까지 이 물을 부어야 하나요"라고 물었습니다.

그러자 이렇게 답변하셨습니다.

"그 깨진 독 아래서 풀이 자라고 있는지도 모르지."

이처럼 선교사님은 물을 붓는 이들의 노동력과 효율성을 보신 것이 아니라 어두운 독 아래서도 '보이지 않는 생명이 자라나는 희망'을 품으셨던 분이십니다.

세상의 원리가 아니라, 믿음의 힘을 선교사님으로부터 배울 수 있었습니다. 저는 이후 조급한 마음이 들 때마다, 독 아래서 자라나는 풀을 생각합니다. 주님께서 우리에게 원하는 것은 순종이지, 수확물이 아닌 것을 깨닫게 해주셨습니다.

마지막으로 선교사님을 서울에서 뵈었을 때, 그분의 고민은 "기도를 더 하고 싶은데, 잘 안된다"라는 것이었습니다.

진정 '믿음의 사람, 김정윤 선교사님'의 이 마지막 고백이 너무나 아름다웠고, 감동이었습니다. 순종의 삶을 사셨고, 믿음의 본을 보이신 분입니다. 우간다의 많은 사람의 삶에 깊은 울림과 영향을 주었습니다. 그리고 예수 그리스도의 이름을 높이며, 그 이름을 위해 헌신하시다가 '그 품'에 안기셨습니다.

"저도 선교사님처럼 그리스도를 높이고 순종하는 믿음의 길을 걷겠습니다."

(우간다 김은희 선교사)

김정윤 선교사님은 '우간다의 엄마'입니다.

선교사님의 팔십 세 생신 날, 이렇게 말씀드리며 축하드린 일이 기억납니다.

"다른 사람보다 세 배는 열심히 사셨으니 지금 이백 사십 세입이다."

이십 대의 미혼 선교사들이 소명과 열정만으로 우간다에 들어가 낯선 언어와 문화 등으로 힘들어할 때, 선교사님은 모든 미혼 선교사의 엄마가 되어 주셨습니다.

세 시간이 걸려 울퉁불퉁한 돌길을 지나 골리(Goli)에 계신 선교사님을 찾아가면, 아무리 바쁘셔도 언제나 크게 웃어주시면서 두 팔로 꼭 안아주시고 반겨주셨습니다. 늘 한가득 맛있는 음식을 대접받았고, 게다가 축복기도까지 받고 왔습니다. 저희 클루바 지역을 지나가실 때면, 한국에서 온 음식들과 시내에서 산 과자들을 전해주셨고, 축복기도를 해주신 후, 바쁘게 떠나시곤 하셨습니다.

단 한 시간, 단 하루, 선교사님 곁에 머물기를 바라는 아이와 같은 마음을 가졌던 적이 많았습니다. 선교사님의 집은 언제나 '사랑방' 같았습니다. 기도처와 성경 공부와 회의 장소로 자유롭게 사용하도록 하셨습니다.

우간다 사람들을 사랑하고, 섬김의 삶을 보이심으로 모든 이들의 본이 되어 주셨습니다. 선교 동역자들 사이에서 갈등이 생기면 먼저 기도하시고 다른 선교사들을 섬기셨습니다. 십 년을 먼저 우간다에 오셨고, 어머니와 같은 연세였지만, 섬김과 인정받기보다, 먼저 섬겼고 인정하셨습니다.

선교사님을 사랑하시고 인도하셨던 하나님께 감사드립니다. 선교사님의 선교 사역을 가까이서 지켜볼 수 있었던 것은 저에게 큰 축복이었습니다."

(우간다 오선영 간호사)

김정윤 선교사님은 '나의 어머니'였습니다. 저는 우간다 네비 지역에 살고 있는 선교사님(시스터 김)의 영적 딸인 홉(Hope)이라고 합니다.

1992년에 선교사님을 만났고, 주님을 만나 구원도 받았습니다. 저의 부모님은 모슬렘이었고, 예수님을 믿는 저를 받아들이지 않았습니다. 그때부터 1995년 12월 결혼할 때까지 선교사님과 함께 지냈습니다. 선교사님은 저를 영적으로 양육해 주셨고 함께 전도 사역을 했습니다. 미혼이셨던 선교사님은 저를 언제나 그분의 딸이라고 주변에 소개하셨습니다.

선교사님은 저 뿐만 아니라, 많은 이들의 어머니셨습니다. 영적인 도움과 함께 물질로도 큰 도움을 주셨습니다.

이 글을 쓰면서 저는 눈물을 흘리고 있습니다. 선교사님을 잊지 않고 살아갈 것입니다. 제 아이들도 선교사님을 할머니로 생각합니다. 이제 저희 곁을 떠나셨지만, 주님의 은혜로 살아남은 저희는 끝까지 열심히 살아갈 것입니다.

선교사님이 걸으셨던 길을 따라 걷다가 마지막 날에 다시 만나기를 소망합니다. 편안히 잠드세요. 아직도 제 곁에 계신 것만 같습니다.

(우간다 김정윤 선교사의 영적인 딸, Hope)

김정윤 선교사님은 저희의 멘토였습니다. 영적인 힘과 열심히 서부 나일(Nile) 지역 주민들의 건강 증진을 위해 헌신하셨습니다.

1980년대 선교사님은 우간다 클루바에 오셨고, 많은 이들에게 깊은 영향을 주셨습니다. 특히 1985년 처음으로 간호조무사 교육을 시작하셨고, 1988년부터는 조산 보조지역 간호 보조와 예방 접종자 등을 훈련해 배출하셨습니다.

1992년 사역지를 골리로 옮기기 전, 간호 학교를 정부에 등록해 정식 교육인가를 받도록 하고, 현지인 학장에게 맡기셨습니다. 1993년 5월에는 스물여섯 명의 학생으로 간호사와 조산사 자격 과정(Enrolled Nurse)을 시작하셨고, 2012년에는 디플로마 간호과정(Registered Nurse)을 설치한 전문 기관으로 성장했습니다. 현재는 사백이십 명의 학생이 등록하는 열매가 열렸습니다. 현재까지 이천 명의 간호사, 삼백 명의 조산사, 이백 명의 디플로마 자격 간호사를 배출했습니다.

선교사님은 끝까지 간호 학교를 사랑해 주셨습니다. 설립해 주셨을 뿐만 아니라, 위원회 일원으로 남아 학교를 위해 계속 애써 주셨습니다. 이런 선교사님의 도움을 결코 잊을 수 없습니다.

신실한 우리의 조력자를 잃었습니다. 아픈 투병 생활 중에도 저희를 잊지 않으시고 후원금을 보내 주셨고, 이를 통해 스물여섯 명의 학생이 학업을 무사히 마칠 수 있었습니다.

하나님께서 선교사님께 영생을 허락하셨음에 감사드립니다.

우리는 선교사님이 매우 그립지만, 그분이 영원한 안식으로 들어가셨음에, 또한 감사드립니다.

(우간다 클루바간호조산학교 교직원과 학생들)

골리 보건소에서 김정윤 선교사 (출처: 런던제일장로교회)

간호 학교 수업 중인 김정윤 선교사 (출처: CGNTV)

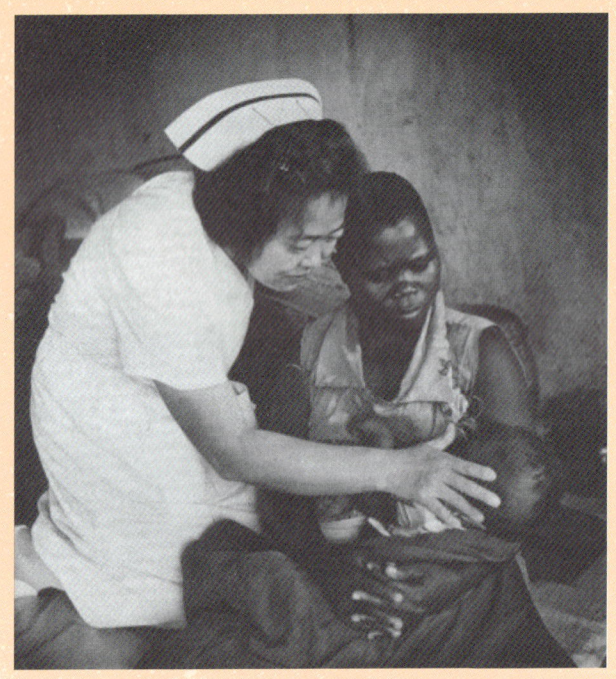

어린 환자를 돌보는 김정윤 선교사 (출처: 2021년 4월 21일 자 국민일보)

예배드리는 김정윤 선교사 (출처: CGNTV)

오지 선교사로 부르신 고마운 예수님

권영옥 선교사 (아프리카 탄자니아, Tanzania)

2003년 아프리카 탄자니아에 6개월간 단기 선교를 다녀왔습니다. 현지 병원 수술실에서 봉사했습니다. 그곳에는 간호 학교도 있었습니다. 함께 한 선교사님으로부터, 이 병원의 처음 시작이 미국에서 오신 한 조산사로부터 시작되었다는 얘기를 들었습니다. 그리고 조산사로서 할 일이 많다는 얘기를 들었습니다.

단기 선교를 마치고 한국에 돌아온 후, 조산사 훈련기관을 찾던 중, 일신기독병원에서 훈련받을 수 있다는 것을 알게 되었고 2006년 107기로 조산사 훈련을 받게 되었습니다.

하나님께서 호주 선교사님들을 통하여 부산에 일신기독병원을 만드셨고 선교사님들을 통해 의사와 조산 간호사들을 훈련하시고 산부인과 병원을 세우셨다는 말을 들었을 때, 저에겐 너무나 큰 감동과 도전이 되었습니다. 왜냐하면, 저 또한, 조산 간호사로서 오지의 선교사로 살고 싶었기 때문입니다.

하지만 산부인과 파트 일을 한 번도 해보지 않았던 저에게 조산사 훈련이 그리 쉽지는 않았습니다. 특히 3교대 근무를 해보지 않은 저에게 일주일이라는 나이트 타임이 정말 힘들었지만 잘 견디게 해주신 하나님께 감사드립니다.

익숙한 환경을 떠나 낯선 환경과 아무도 모르는 곳에서 지내야 한다는 약간의 걱정스러움이 있었지만, 좋은 동기들을 만나서 무사히 훈련 과정을 잘 마칠 수 있었습니다.

기숙사에서 세 명이 한 방에서 지냈는데 모두 교회를 다니고 있어서 좋았고, 가장 나이 많은 언니와 함께 방을 사용했는데 힘들 때 함께 나누고 기도해 줄 수 있어서 좋았습니다. 또, 기독병원이라는 이름 때문인지 교회 다니시는 선생님들의 믿음 생활에 관한 이야기를 들을 때 도전도 되었고, 병원에 목사님이 계셔서 신앙 상담을 할 수 있어 좋았습니다.

가장 기억에 남는 건 처음으로 분만을 접할 때였습니다. 일~이 년차 때, 수술실에서 제왕절개수술에 참여할 때는 잘 몰랐지만, 분만실에서 산모들이 진통 속에 새로운 생명을 출산하는 장면을 보았을 때는 무섭거나 두려운 것보다는 경이로움을 느꼈습니다.

그리고 아기들이 모두 서로 다른 얼굴에 얼마나 귀엽게 느껴지던지. 분만에 참여한 날은 왠지 활력이 넘치고 그날은 피곤함도 없어지고, 정말 훈련받기를 잘했단 생각이 다시 들었습니다.

초등학교 5학년 때 친구의 초청으로 교회를 다니기 시작했습니다. 그냥 재미로 다니다가 고등학교 1학년 때 예수님을 인격적으로 만났습니다. 나를 구원하신 예수님이 정말 고마워, 그분을 위해 무엇이든

4_오지 선교사로 부르신 고마운 예수님　51

권영옥 선교사 가족

하고 싶었습니다.

그러던 중 선교사에 대해 알게 되었고, 그때부터 '오지선교사로 살아야겠다'라는 생각을 하게 되었습니다. 이것이 제가 간호사를 선택한 이유였습니다.

'탄자니아'를 선택하게 된 특별 이유는 없습니다. '하나님께서 저희를 이곳에 보내셨다'고 생각하며 사역하고 있습니다. 2019년 아프리카 르완다(공식 명칭 - 르완다 공화국 Republic of Rwanda)에서 저희가 소속되어 있는 월드미션프론티어(WMF, World Mission Frontier)의 선교 훈련이 있었습니다. 1년의 훈련 과정을 마치자, 대표선교사님께서 저희에게 탄자니아로 갈 것을 요청하셨고 저희는 순종해서 이곳으로 오게 되었습니다.

이곳은 탄자니아 므완자(Mwanza Region)라는 지역입니다. 저는 간호사로서 의료병원선(MV SALIM)을 관리하고 있고, 남편은 이솔레라는 시골 지역에서 현지인들과 함께 교회를 담당하고 있습니다. 평일에는 므완자 지역에 있고 주말에 이솔레로 들어가서 사역하고 있습니다.

2020년 2월에 므완자에 왔습니다. 도착한 2개월 뒤 코로나19 팬데믹으로 인해 많은 나라들이 팬데믹 가운데 있었고, 코로나19바이러스로 인해 많은 사람이 감염되고 병원에 입원하며 사망하시는 분들도 계셨습니다. 그때 많은 선교사님께서 각자의 고국으로 귀국했습니다.

이곳 탄자니아도 모든 학교가 문을 닫고 통행도 금지됐습니다. 그런데 탄자니아 대통령이 통행금지를 선포한 2개월 뒤에 "탄자니아는 코로나19가 없음"을 선포하였고, 이후 저희는 자유롭게 활동할 수 있었습니다. 하지만 코로나19로 인해 통행을 못 하는 관계로 저희의 비자에 문제가 생겼습니다.

장기 비자(work permit, resident permit, student visa)를 발급받는 과정에서 많은 어려움이 있었습니다. 당시 대통령은 선교사들이 비자를 받기에 까다롭게 법을 만들어놔 어려웠습니다. 비자를 진행하는 동안 두 번의 벌금을 내고 난 후에야, 1년 3개월 만에 우리 가족의 모든 비자 문제는 해결되었습니다.

장기 비자를 진행하는 가운데 우리 안에 많은 갈등과 마음의 어려움이 있었습니다. 마음 편하게 사역할 수 없었습니다.

때로는 이런 생각도 했습니다.

"하나님의 뜻이 아닌가?"

"포기하고 떠나야 하나?"

여러 가지를 고민했지만, 하나님께서 인내하게 하셨고 마침내 비자를 받도록 도와주셨습니다.

모든 어려운 상황 가운데 하나님께서는 늘 우리에게 '돕는 자'를 붙여주셨고, '위로자들'을 보내 주셨습니다. 저희는 파송교회도 없이 적은 수의 후원자들로 이곳에 왔지만, 하나님께서 때마다 재정적으로 채워주셨고, 도와주시는 일을 많이 체험했습니다.

우리 가족이 탄자니아에 온 지 벌써 삼 년이 되었습니다. 조금씩 현지인들과 마음이 맞아간다는 것이 감사하고 기쁜 일입니다. 현재 저희는 어린이 사역을 하고 있습니다. 아이들이 점점 늘어나고 있으며, 처음 우리가 아이들을 보았을 때보다 아이들의 얼굴 표정이 많이 밝아진 것을 보면서, 우리가 이들에게 조금이나마 선한 영향을 끼치고 있다는 생각도 들어 감사하고 기쁜 마음입니다.

무엇보다도 코로나19로 묶여 있던 의료 선교가 이번 해에 이뤄졌습니다. 우리 선교회에 동력선인 살림호(MV SALIM)라는 의료선이 있는데, 빅토리아 호수 주변의 섬들을 다니면서 진료하는 것이 너무 행복했습니다.

장기적으로는 의료선인 살림호를 매월 정기적으로 운행하고 싶습니다. 이번에는 여러 섬에 진료를 다녀오면서 섬사람들에게 의료 서비스가 정말 필요함을 느꼈습니다. 이들에게 매일 의료를 제공해 줄 수 없을지라도 매월 한 번만이라도 찾아갈 수 있으면 좋겠다고 생각하고 있습니다. 하지만 배를 움직이기 위해서는 큰 비용이 듭니다.

의료선 살림호

또한, 현재 어린이집이 시급합니다. 가난한 나라들이 대부분 비슷하겠지만 저희가 사역하는 이솔레 지역에는 많은 아이가 있지만 글을 모르는 아이들이 다수입니다.

청년들도 마찬가지입니다. 심지어 공용어가 스와힐리어(아프리카 동부에서 널리 쓰이는 반투어군 언어)지만 그마저도 모르는 사람들이 많습니다. 어린이집을 통하여 아이들에게 글을 가르쳐 주길 원합니다.

하나님보다 앞서지 않고 오직 하나님만 의지할 수 있기를, 언어(영어, 스와힐리어)가 능통하게 될 수 있기를, 차량이 마련되기를, 어린이집이 세워지기를, 기도와 재정 후원자가 채워지기를 기도하고 있습니다. 일신의 가족들과 성도님들께 부탁드립니다. 아프리카 탄자니아 빅토리아 호수 주변의 가난한 섬 주민들을 잊지 말고 기억해 주시고 기도해 주시며, 기회가 된다면 의료 선교에 참여해 주시기를 부탁드립니다.

의료 사역

마을 어린이 사역

어린이 학교

이슬람의 심장부에서 사랑과 정결의 삶을 소망하며

에스더 선교사 (S국)

1991년 간호대를 졸업한 후, 독립적인 선교 사역을 위한 자격증을 취득하기 위해 일신기독병원의 조산사 훈련 과정에 지원했습니다. '선교 오지에서 산모들의 출산을 돕고 아이들도 함께 돌볼 수 있다'는 마음이었습니다.

일신기독병원에서 면접을 볼 때 호주 선교사 민보은(Barbara Martin) 선생님께서 제게 물어보셨습니다.

"왜 조산사 훈련 과정을 받으려 합니까?"

외국인이신데도 유창한 한국말로 면접을 보시는 모습이 유독 인상적이었습니다. 저는 "하나님의 영광을 위해서 조산사 훈련을 받고 싶습니다."라고 대답했고, 민보은 선생님은 아무 말도 하지 않으시고 미소만 지으셨던 것이 기억에 남습니다.

일신기독병원에서의 조산사 훈련은, 일반 간호사들과 같이 교대 근무를 했던 것 외에도, 하루에 매일 한-두 시간씩 강의를 들어야 했기 때문에 잠도 모자라고 고단했던 기억이 납니다. 교회도 자주 못

가니 오히려 믿음은 약해지는 것 같았습니다.

그러나 조산사 훈련 학생 신분으로 병실에서 일할 때, 당시 전도사님이셨던 신기조 목사님께서 갓 태어난 신생아들을 위해 일일이 한 명 한 명씩 기도하시며 온 병원을 돌아다니는 것을 보고 일신기독병원은 정말 선교하는 곳이라는 것을 느낄 수 있었습니다.

민보은 선생님의 강의를 들으면서 평생을 해외에서 선교하시면서 헌신하시는 그 모습이 참으로 아름답게 느껴졌습니다. 외국인이면서도 선교지의 언어로 현지인들을 가르치는 모습을 통해 선생님의 열정이 항상 느껴졌습니다. 조산사 과정을 수료하기까지 106명의 신생아 출산을 도우면서 조산사로서의 의료 기술도 배우고 자신감도 생겼습니다. 일 년간의 수고가 헛되지 않았음에 감사하고 감격했습니다.

돌아보면 대학교 1학년 때 이미 선교사로서의 부르심이 있었습니다. 그래서 선교지로 가기 위한 준비 과정으로 조산사 훈련을 받은 것입니다. "내가 너로 하여금 사람을 낚는 어부가 되게 하리라"(마 4:19; 막 1:17)는 말씀으로 저는 이미 해외 선교에 헌신할 마음을 가지고 있었습니다. 조산사 훈련 과정은 이제 준비 과정의 그 과정을 마무리하는 단계였습니다.

1992년에 조산사 과정을 수료하고 조산사 자격증을 취득한 후에 국제선교 단체에 지원해 선교지에 나갈 구체적인 준비를 시작했습니다. 선교지로 나가기 직전에 생각지도 않게 결혼하게 되어 남편과 함께 선교지로 나가게 된 것은 절대적인 하나님의 은혜였습니다.

선교지가 어디든 마음 문이 열려 있었지만, 남편이 이미 아라비아반도(Arabian Peninsula) 사역을 하고 있었기 때문에 저도 자연적으로 아라비아반도로 가게 되었습니다. 현지인 교회가 존재하지 않았고, 십자가를 볼 수 없었으며, 종교의 자유가 없는 사막의 한복판은 제가 늘 생각해오던 척박한 땅 그 자체였습니다. 물론 사역자들도 한두 명 정도였습니다. 개인 성경책을 들고 입국하는 것조차 조심해야 했던 '영적 오지'였습니다.

공항에 도착하자 직원들이 저의 짐과 가방을 샅샅이 뒤져서 성경책, 십자가, 종교 관련 서류, 사진들을 수색했습니다. 제가 가지고 있던 한글 성경책도 다 열어보고 확인하였습니다. 그때 당시에는 아랍어 성경책을 소지하거나, 갖고 다닌다는 것은 상상도 할 수조차 없었습니다.

함께 사역할 선교사 동료나 조력자도 없다 보니, 남편과 단둘이서 아기와 함께 예배드리며 한국에서 누렸던 풍요로웠던 신앙생활을 참 그리워했습니다. 처음 5년간은 아주 조금씩 늘어나는 사역자들끼리 모임을 했습니다. 이웃에 들릴까 봐 찬양도 자유롭게 못 하고 늘 조마조마했었습니다.

사역 6년째 되던 해에는 몇 안 되는 사역들 대부분이 문서 사역 때문에 추방당하는 어려움도 겪었습니다. 저는 아이들을 데리고 이웃집에 작은 칠판을 들고 가서, 영어를 가르쳐 주겠다고 하면서 잘 알지도 못하는 아랍어로 복음을 전하기도 했습니다. 그때 그 아이들이 이제는 서른이 넘은 성인이 되었을 것입니다.

동역자나 교회도 없었던 선교의 첫 정착기에 가장 힘들었던 순간은 복음을 전할 수 없다는 것이었습니다. 성경책을 함부로 줄 수도 없고, 겨우 복음을 전할 기회를 얻었다고 해도 바로 거절당하고, 오히려 현지인의 종교로 개종 종용을 받는 일들이 부지기수였습니다. 성령이 계신 곳에 자유가 있다는 그 말씀이 간절히 이루어지기를 기도했습니다.

3년 동안의 교제 끝에 예수님을 믿겠다고 한 자매가 있었습니다. 얼마나 놀라운 기적인지, 그때의 기쁨은 이루 말로 다 할 수가 없었습니다.

그 자매는 이십 사 세였고, 집에는 부모님과 몸이 불편한 육십 세가 넘은 이모가 한 분 계셨습니다. 남동생과 큰언니는 정신병을 앓고 있었고 집에만 갇혀 지냈습니다. 신앙을 가지게 된 자매를 통해 온 가족들에게도 주님의 빛이 비치기를 기대했습니다.

그러나 상황은 반대로 진행되어 가고 있었습니다. 작은 언니의 의심을 받은 자매가 종교 지도자를 찾아가서 상담받은 것입니다. 그 일로 인해 매주 하던 성경 공부를 멈추고 급기야는 저에게 성경책을 돌려주며 더 이상 주님을 믿지 않을 것이라고 하면서 그동안 건네준 찬양집과 성경책 모두를 저에게 돌려주었습니다. 그때의 슬픔과 충격은 아직도 생생합니다.

5년이 지난 후 그 자매를 우연히 강의실에서 만나 안부를 물어볼 기회가 있었는데, 당시 기도를 거절했던 이모는 돌아가셨고, 본인도 더 이상 관심이 없다고 말해서 마음이 아팠습니다.

사역자들이 조금씩 늘어났을 때는, 저희가 국제선교 단체에 속해 있었기 때문에 사역자들 간의 약간의 견해와 신앙 배경의 차이로 인한 갈등이 일어났을 때 참 마음이 어려웠습니다.

되돌아보면 이슬람의 심장부에서 살면서 자녀들이 예수님을 잘 믿고 성장할 수 있도록 기도하며 오직 전진하는 시간뿐이었습니다. 아이들이 중학생이 되면서 같이 신앙생활할 수 있는 또래들이 없었기 때문에 우리 부부보다 더 영적으로 외로워했습니다. 하지만 아이들이 잘 자라서 하나님의 비전을 각자 품고, 부르심을 따라 나아가는 모습을 보면서 하나님께 무한 감사를 드렸습니다.

무엇보다도 교회를 시작할 때 지난 25년간 영적으로 관심이 없던 이들이 주님을 찾아오니 놀라운 기적이 일어난 것만 같습니다. 이제 주님의 비전이 담긴 계획을 세우고 있습니다.

첫째, 2021년 4월 첫 주부터 시작된 '로고스 펠로우십', 즉 현지인 교회를 잘 섬기는 주중 사역이 시작되었습니다.

매주 모이는 이 사역을 통해서 아름다운 열매들이 맺히기를 기도합니다.

둘째, 현지 신자들이 훈련받으며 장차 스스로 개척 사역을 할 수 있도록 돕는 '제자도 전도 훈련'을 우선순위로 두고 있습니다.

셋째, 아라비아 오지에 고립된 신자들을 돌아보며 작은 도시와 산간 지역 그리고 사막의 베두인들에게 복음이 지속해서 전하는 '베두인 프로젝트'를 진행하고 있습니다. 이 사역은 주님께서 저희 부부를 주님 품으로 부르시는 날까지 계속할 예정입니다.

산간 지역은 현재 아라비아의 남부 앗시르 지역과 예멘의 북부 고지대 산간 지역의 페이파 부족을 포함하고 있으며, 아라비아의 남부, 예멘의 동부, 오만의 북부 그리고 아랍에미레이트의 서부 깊은 사막 지역에 분포되어 거주하는 매흐리 부족의 키이르키이르 마을까지 포함하고 있습니다.

넷째, '아랍어 성경 보급'입니다. 성경 보급은 주님의 몸 된 교회에 주어진 또 하나의 사역이 되고 있습니다.

사역자에게 주어진 이 일은 단순히 성경을 공급만 하는 것이 아니라, 가르치고 순종의 본을 보이는 것에 우선순위가 있습니다.

다섯째, 현지 외국인 지하교회와 동역을 하면서 태동하고 있는 현지인 교회 개척 사역 훈련을 함께하고 있습니다. '로고스 학교'를 통해, 사역자 개인의 영성 훈련뿐만 아니라 핍박과 고난의 역사인 교회 선교의 본질을 깨닫고 현재 나타나고 있는 현지인 교회에 본이 되는 사역 훈련을 지속해서 이어갈 예정입니다.

일신기독병원은 물론이고 예비 의료 선교사를 소망하는 분들에게 부탁이 있습니다. 하나님과 깊은 교제를 통해, 성령 충만한 삶을 사는 것을 최우선으로 하시기를 기도합니다. 말씀의 지식이 충만하여 진리를 가르칠 수 있는 준비가 항상 되어 있기를 기도합니다.

또한, 자신을 소중하게 생각하고 가꾸어서 다른 사람의 판단과 비판에 연연하지 않는 건강한 자존감을 소유하시기를 원합니다.

인내와 믿음은 항상 함께하는 사역의 지침입니다. 하나님을 사랑하면 할수록 자신 안에 사랑이 쌓이는 것을 주위 사람들이 느낄 수 있습니다.

마지막 남은 삶 동안 하나님을 열정적으로 사랑하고 거룩하며 정결한 삶을 살기를 원합니다.

아랍어 언어가 더욱 능통하게 되어, 진리를 가르치는 일에 더 큰 진보가 있기를 기도합니다.

사막의 베두인들, 오지의 현지인들, 페이파와 메흐리 부족들에게도 복음이 전해지기를 기도합니다.

무엇보다도 다음 세대 사역자들이 훈련되어서 주님 오실 때까지 선교 사역이 멈추지 않고 계속되어 나아가기를 기도합니다..

에스더 선교사

유목민을 방문한 에스더 선교사

나를 넘어 열방을 향해 흐르는 복음의 능력

심미영 선교사 (중동 O국)

"지구의 반은 여자, 지구의 반은 남자"라는 어떤 노래를 들으며, 졸업을 앞둔 저는 조산사의 꿈을 갖게 되었습니다. 나에게 주어진 은사가 없는 것 같아 기도하던 중 주님은 저에게 간호사라는 섬김의 길을 보여 주셨습니다.

졸업을 앞두고 친구들은 취업을 준비하며 여러 병원에 지원서를 내고 인터뷰를 준비했지만, 저는 조산사의 꿈을 갖고 아무런 고민 없이 오직 이 길을 바라고 있었습니다. "지구의 반이 여자"라면, '나는 꼭 여자들을 섬기면 좋겠다'라는 마음을 갖게 되었습니다. 물론 한국에 있는 여자들뿐만이 아니라 열방에 있는 모든 여자도 포함했습니다.

조산사 훈련을 하는 여러 병원을 찾았지만, 부산에 있는 일신기독병원만큼 적합한 곳은 없었습니다. 엄마의 손을 잡고 새벽 부산행 기차를 타고 부산역에 내린 일이 지금도 생생합니다. 부모님이 모두 전라도 분들이라 이렇게 부산에 오기는 처음이었습니다.

어떻게 면접을 봤는지는 기억나지 않습니다. 하지만 합격 통지를 받고 너무 기뻐했던 일은 생생합니다. 훈련을 마치고 하나님께서 어디로 인도하시든 '열방으로 나간다'는 다짐을 하며 부산에 왔습니다.

조산사 84기로 모인 선배님들과 친구들을 만나니 전국구였습니다. 저희 기수는 강원도와 제주도에서 오신 분도 계셨으니까요. 기수 중에 아무래도 신학교 졸업인 친구들과의 만남은 훈련받는 동안 너무나 귀한 시간을 함께했던 좋은 신앙의 동반자들이었습니다.

처음 하는 3교대의 피곤함을 알아가고, 일주일마다 바뀌는 근무지에서의 오리엔테이션과 적응훈련을 받고 분만에 참여하면서 눈이 휘둥그레졌던 모든 순간을 같이 겪었고, 함께 찬양하고 기도했던 시간이 지금도 추억으로 남아있습니다.

일 년의 훈련 기간을 보낸 후, 조산사에 합격했습니다. 다음 진로를 생각하고 있을 때, 부족한 저희에게 "일신기독병원에 남아서 함께 일하면 좋겠다"라는 원목님의 권유로 남게 되었습니다. 처음에는 '조금만 더 경험을 쌓으면 되겠지' 하는 마음이었는데, 순식간에 8년의 세월이 흘렀습니다.

병원에 있는 동안 각 부서에서 좋은 선생님들과 좋은 시간을 보냈습니다. 저의 부족함을 잘 챙겨주시고, 지도해 주셨고, 어려움을 만날 때마다 협력하는 법을 배울 수 있게 해 주셨습니다. 매주 병동을 다니며 찬양하고 아픈 환우들을 위해 기도했던 시간도 있었습니다.

신앙생활은 병원에서 가까운 부산제일감리교회에서 했습니다. 그리고 결혼과 출산까지 팔 년이라는 시간은 물 흐르듯 흘러갔습니다.

그러는 동안 마음 한편에는 죄책감을 느꼈습니다.

저는 불교 집안에서 자랐고, 집에는 학교에서 받은 교과서 외에 『토정비결』과 운세를 보는 책이 전부였습니다. 어렸을 때 엄마를 따라 절에 갔던 기억도 있습니다. 중학교 때 가위에 잘 눌려서 밤에 잠자는 게 힘들 때가 있었습니다.

어느 날 밤에 잠을 청하려 할 때 가위에 눌리며 꿈에 보니 귀신들이 강강술래를 하고 있었습니다. 잠에 빠지지 않으려고 안간힘을 다하고 있는데, 어렸을 때 여름성경학교 때 한 번 갔던 교회에서 들은 예수님의 이름을 불러 봐야겠다는 마음이 생겼습니다. "예수님 도와주세요!"라고 하니 눈이 떠지고 제 눈으로 하얀 안개 같은 것이 뒤로 물러나는 것을 경험하게 되었습니다.

다음 주에 한 친구로부터 "교회에 같이 가자"라는 말을 듣는 순간, 이미 저는 모든 게 준비가 되어 있었기에 흔쾌히 응했습니다. 그렇게 불교 가정에서 혼자 예수님을 믿게 된 겁니다.

중고등학교를 마치고 재수를 한 후, 다시 입시를 준비하던 그해 여름 주님께서 저를 선교사로 불러주셨습니다. '인생에서 가장 가치 있는 삶이 무엇인가'라는 질문을 던졌을 때, '예수님께 드리는 삶이 가장 값지다'는 결론에 이르렀습니다.

교회를 다니며 제가 배운 최고의 삶은 예수님을 있는 그대로 믿는 것이었고, 그분의 마지막 지상명령은 늘 도전이 되었습니다. 그러나 집안에서는 어느 누구의 지지도 받지 못하는 거의 불가능한 꿈이라고 생각했습니다.

그럼에도 불구하고, 주님은 저를 발견하셨고, 저를 부르셔서 아무 소망이 없던 저에게 선교사의 꿈을 꾸게 하셨습니다. 그래서 간호사로, 조산사로 주님을 섬기고 싶었습니다.

남편도 직장에서의 사고 경험을 통해 젊은 시절에 받았던 선교의 부르심을 다시 확인한 후, 예수전도단(YWAM, Youth with a mission) 훈련을 받고 간사로 사역을 하던 중이었습니다. 이러한 생활에 감사했기에, 우리 부부가 열방에 나간다는 것은 마음 깊은 곳에서 내려놓은 상태였습니다.

하지만 둘째를 출산한 후, 주님은 급하고 강한 바람처럼 저의 마음을 흔들어 주셨고, 저는 '이때다' 싶어 사표를 던졌습니다.

처음 사역지는 스리랑카였습니다. 첫사랑처럼 지금 생각해도 아름다웠던 시간이었습니다. 이곳은 남편이 처음 아웃리치(대외현장봉사, outreach)를 갔던 곳이었고, 계속 기도하게 하셨던 곳이있습니다. 스리랑카에서 6년 반의 시간을 보내며 현지 사역자들과 협력하고 한국 선생님들과 함께하는 기쁨을 주셨습니다. 많은 핍박을 함께 겪으며 섬길 수 있었던 아름다운 시간이었습니다.

주님은 이곳에서 첫 사역 기간을 마칠 때쯤, 우리 부르심의 끝이 "여기가 아니다"라고 말씀해 주셨고, 중동에 대한 마음을 열어주셨습니다.

그리고 일 년 동안 안식년을 한국에서 보낸 후, Y국으로 가게 되었습니다.

Y국은 일 년 내내 푸르른 스리랑카와는 정반대의 환경이었습니다. 사막과 광야와 돌산이 우리를 기다리고 있었습니다. 하지만 사람들

은 더할 나위 없이 아름다운 사람들이었습니다. 가난하지만 인색하지 않았고, 알 카에다(al-Qaeda)의 납치 위협 가운데서도 우리를 보호해 주고 숨겨줬던 사람들이었습니다. Y국에서의 5년 동안은 말할 수 없는 많은 일들이 있었지만, 여전히 그 땅을 사랑합니다.

　Y국의 내전으로 인해 나오게 되나, 우리 선교팀은 옆 나라 O국으로 가게 되었습니다. O국은 제가 생각했던 선교지와는 사뭇 다른 나라였습니다. 국민이 대부분 잘 살기 때문입니다. '왜 여기에 왔을까' 생각하는 시간이 많았습니다.

　Y국에서부터 치과를 섬기는 팀에 합류했었습니다. 의료진들이 한국에서 오셔서 섬겨주셨고, 저희는 뒷받침하는 역할을 했습니다.

　그런데 O국은 의료진이 시험을 보고 자격증을 받아야 진료가 가능한 상황이었습니다. 주님께서 이때 다시 간호사 시험을 볼 수 있도록 길을 마련해 주셨습니다. 24년 만에 자격증 시험을 준비했습니다. 세 번이나 떨어져 '안 되나' 생각했는데, 학원의 도움을 받아 네 번에는 합격할 수 있었습니다. 이를 통해 '주님은 모든 것을 가능케 하시는 분'임을 다시 배우는 시간이었습니다.

　이 모든 시간을 지나며 가장 힘들었던 순간이 있었습니다. Y국에서 아랍어를 배우고 있던 우리 가족이 나와야만 하는 상황이 되었습니다. Y국이 여행 금지국으로 지정되면서, 학생 신분으로는 그곳에 체류할 수 없었습니다.

　그래서 저희 팀이 비자를 준비하는 동안 저희 가정은 한국과 이집트와 두바이에서 2년의 광야 시간을 보냈습니다. 고1 아들과 중1 딸을 데리고 이동하면서, 비자가 나오기를 기다렸습니다.

이 때문에 저희는 특히 선교사님들로부터 꾸지람을 들었습니다. "아이들을 방치하고 데리고 다닌다"라고 혼나기도 하고, "부모가 선교사지 아이들이 무슨 죄냐"라며 우리를 나무랐습니다.

이에 우리는 왜 이 부르심에 이렇게 반응해야 하는지 수없이 고민하며 수많은 질문들을 자신에게 던졌습니다. 그런데 기도하고 말씀을 읽으면 도무지 포기할 수 없었습니다. 때로는 있는 곳에서 뭐라도 하려고 하면, 어김없이 Y국에서 전화가 와 "비자 신청을 해 놨으니 기다려 보자"라고 했습니다.

그럴 때마다 주님께서 보내신 신호로 알고 기다리다 보니 이 년이라는 시간이 지났습니다. 이 기간에 저희 아이들이 저희보다 믿음으로 더욱 잘 인내해 주었고, 가정이 말씀과 기도로 사는 법을 배우게 되었습니다.

가장 보람 있었던 일은 Y국에서 아이들을 가르쳤던 선생님과 교제했던 일입니다. 아이들에게 아랍어를 가르쳐 주셨던 선생님이 일 년이 넘도록 저와는 이야기할 시간도 없이 수업이 끝나면 바로 가곤 해서 주님께 기도하면서 다른 사람으로 바꿔야 하나 했습니다.

그런데 어느 날 "무릎이 아프다"라고 해서, 남편이 침을 놔 주기로 했습니다. 먼저 맥을 짚으며, 꿈이 많은 분이라고 얘기했더니 깜짝 놀라는 겁니다.

그러면서 침을 맞는 동안 이야기를 나누니, 아버지는 일찍 돌아가시고 이 자매가 혼자 대학의 조교를 하며 가정의 가장 노릇을 하고 있었습니다. 그리고 "밤마다 악몽에 시달린다"라는 겁니다. 자매 이야기를 들으며 무슬림으로 둘러싸여 있는 이곳 상황이 하나도 생각나지 않았고, 그저 자매가 불쌍하게만 여겨졌습니다. 자매에게 '예수님 이야기를 들려줘야겠다'는 생각 뿐이었습니다.

그래서 제가 어렸을 때 가위에 눌렸던 이야기를 하게 되었고, "그때 예수님의 이름을 불렀더니 그 이후로 좋아졌다"라고 했고, "너도 그 이름을 부르면 좋겠다"라고 했더니 너무 순순히 그러기로 했던 겁니다.

그러고는 일주일 후에 다시 만났는데 그 자매의 얼굴이 해와 같이 빛나고 있었고, 물어보니 "한 번도 가위에 눌리는 꿈을 꾸지 않았다"라고 했습니다.

예수님에 대해 더 알고 싶지 않은지 물었습니다. "그러겠다"라고 했습니다. 그러면서 마가복음을 읽게 되었습니다. 올 때마다 한 장씩 읽으면서 궁금한 것에 대해 답해주고, 저의 간증도 하며 시간을 보냈습니다. 마가복음이 다 끝나고, 성경 육십오 권이 더 있는 것을 알려주니, 자매는 "함께 읽자"라고 했습니다.

그때 아이들이 검정고시를 보기 위해 한국에 들어와야 했습니다. 그러고는 내전으로 다시는 그곳에 들어갈 수 없는 상황이 되었습니다. 생사를 알 수 없는 자매의 삶이지만, 제가 믿기로는 주님이 그 영혼을 지금도 지키시고 함께해 주실 것을 신뢰하고 있습니다.

앞으로의 계획은 지금 이곳에서 하루하루 순종하며 사는 것입니다. 이곳에 와서 치과병원을 섬기며 많은 에너지를 사용했습니다. 관계의 어려움도 있었습니다.

그래서 이곳의 영혼들이 눈이 들어오지 않았었습니다. 대부분 나보다 잘 사고, 부족한 것이 없을 것이라고 착각했습니다. 하지만 주님께서 저의 눈을 다시 뜨게 해주셨습니다.

나면서부터 뼛속까지 무슬림인 이들이 흑암에 앉고 사망의 그늘에 누워 주님을 찾을 수도, 만날 수도 없다는 것을 보게 하셨습니다.

요즘은 일주일에 한 번 선생님 몇 분과 함께 바닷가에 나가서 사람들을 만나고 있습니다. 만나는 사람 모두에게 복음을 전할 수는 없습니다. 그러나 이를 통해 그들의 마음을 알고, 생각을 읽고, 또 그들의 이야기를 들어주면서 그들의 영혼을 위해 기도하고 있습니다. 그뿐만 아니라, 주님께서 반드시 구원받을 영혼을 허락하실 것을 기대하고 있습니다.

일신기독병원에서 근무했던 소중한 시간 동안, 병원을 일구셨던 호주 선교사님들의 사랑과 헌신을 보게 하셨고, 많은 기도의 열매들을 알게 하셨습니다. 주님이 주신 복음은 '나 하나의 복음이 아니라 반드시 흘러가게 하시는 열방용 복음'임을 깨닫게 하셨습니다. 예수님의 생명을 가진 분들은 있는 자리에서 그 생명을 흘려보내는 것은 너무나 자연스러운 일입니다.

매일 말씀하시는 그 분의 말씀을 듣고 따르는 것이 믿는 자들의 사명이요, 의무라 여겨집니다. 이것이 사랑인 것 같습니다. 사랑하면 모든 것이 믿어지고, 사랑하면 모든 것이 용납되니 말입니다.

주님을 더욱 사랑하는 우리 모두가 되기를 간절히 바랍니다.

주님을 더욱 사랑하기를 원합니다.

영혼들을 사랑하고 복음을 전할 수 있도록 입을 열어 말하게 되기를 원합니다.

내가 달려갈 길과 주 예수께 받은 사명 곧 하나님의 은혜의 복음을 증언하는 일을 마치려 함에는 나의 생명조차 조금도 귀한 것으로 여기지 아니하노라(행 20:24).

이 말씀이 이루어지기를 소망합니다.
그리고 이 모든 것을 주님께서 하셨음을 고백합니다.

심미영 선교사 가족

웃고 울 수 있는 하루하루가 은혜이고 감사

단비 선교사 (중동 J국)

대학 1학년 때 캠퍼스 선교 단체를 통해서 뜨겁게 예수님을 영접했습니다. 이후 '선교 한국'을 통해서 선교하시는 하나님을 알게 되었고, 이십 대의 십일조로 이삼 년을 하나님께 드리기로 서원했습니다.

그 후 간호학과를 졸업하고 대학병원 입사 후 서원을 어떻게 이루어 나아갈지에 대해서 고민하게 되었습니다. 그러던 중 만난 조산 간호사 선생님을 통해 일신기독병원 조산 수습 과정을 알게 되었습니다.

치열하고 힘겨웠던 대학병원과는 달리, 일신기독병원에서의 조산 수습 과정 일 년은 너무나 행복한 시간이었습니다. 하나님의 선교에 꿈을 가진 동기들과 선배들을 만나 교제하고, 어떻게 구체적으로 이 꿈들을 이루어나갈지 함께 기도했습니다.

때때로 힘겨운 3교대 근무와 공부와 실습이 있었지만, 배움에 대한 즐거움과 앞으로 선교지에서 사용될 것에 대한 기대와 소망을 키우며, 함께하는 103기 동기들이 있어 즐거운 시간이었습니다. 매주 네 명의 동기와 패트릭 존 스톤의 『세계 기도 정보』를 읽으며, 세계를 품는 그리스도인으로 살아가기로 다짐했습니다.

조산 수습 과정 후 바로 영어 토플 시험 치르고, 뉴질랜드에서 타 문화권 선교 훈련을 받은 후 들어간 중동 Y국은 조산 간호사의 필요성이 컸습니다.

'WEC(Worldwide Evangelization for Christ)국제선교회 한국본부'에서 Y국에서 사역할 조산 간호사가 절박하게 필요하다고 했습니다. Y국은 강력한 이슬람 국가이면서 중동에서 제일 가난한 나라이기에 의료 시설은 열악했습니다.

그러나 출산율은 대단히 높았습니다. 여성이 대략 열다섯 살 경에 결혼을 하고, 열~열다섯 명의 아이를 출산했습니다. 게다가 일부사처제이니 여성과 아이들의 삶은 참 안타까웠습니다. 그 당시 나는 중동이 무엇인지, 이슬람이 무엇인지도 잘 알지 못했습니다. 하지만 몰랐기 때문에 용감할 수 있었던 것 같습니다.

2004~2007년간 만 삼 년의 Y국 S국립병원 분만실 조산 간호사로서 사역한 후, 만 삼십 살에 한국으로 돌아왔습니다. 그리고 파송교회 강도사였던 남편을 만나 가정을 이루고 연년생 딸과 아들을 낳고, 뉴질랜드에서 타 문화권 선교 훈련을 다시 받은 후, 2013년 겨울 중동 J국으로 들어가게 되었다.

사역했던 Y국으로 가고 싶었지만, ISIS(Islamic State of Iraq and the Levant, 이라크 레반트 이슬람 국가)로 추측되는 근본주의 무슬림 세력에게 동료였던 한국인 선교사의 자녀 선생님 한 명과 독일인 간호사 두 명이 순교를 당하고, 영국 형제 한 명과 동독 출신 다섯 명의 한 가정이 실종되는 큰 어려움을 겪었습니다. 그뿐만 아니라, 내전이 점점 더 심각해져서 더 이상 한국 여권으로는 Y국에 입국할 수 없게 되었습니다.

그래서 우리 가정은 다소 안정된 중동의 J국으로 들어오게 되었습니다. Y국과 J국은 같은 중동 권역이지만 너무 달랐습니다. 먼저 Y국은 '중동의 방글라데시'로 불릴 만큼 가난했으나, 강력한 이슬람 국가였고, 환대문화가 발달한 따뜻한 나라였습니다.

그러나 J국은 물가가 중동에서 두바이 다음으로 비싸고 개인주의와 물질만능주의가 만연한 곳이었습니다. 이슬람과 5퍼센트 정도의 동방정교 기독교인들과 개신교인들이 서로 피해를 주지 않으며 가능한 한 최소한의 마찰을 통해 평화 유지를 위해 노력하고 있었습니다.

그뿐만 아니라, 미국과 영국 등 서방 국가 등에서 난민 보조금을 받고 있었는데, 2013년 겨울 우리가 처음 들어갔을 때는, 시리아 내전으로 인한 난민들과 아랍의 봄 이후 다른 중동 국가들(이집트, 시리아, 예멘, 소말리아, 수단, 알제리, 레바논 등)에서 온 아랍권 난민들로 인해 사역이 자라나던 시기였습니다.

가장 큰 충격은 '중동이 모두 같은 중동이 아니다'라는 사실을 인지한 일이었습니다. Y국과 J국은 너무 달랐습니다. J국의 사람들은 외국인들에게 훨씬 더 냉소적이었습니다. 심지어 외국인 사역자들에게 노골적으로 "돈만 달라"던 현지 사역자들까지 있었습니다.

개인적으로 힘들었던 일은, 미혼 선교사였던 Y국과는 달리 J국에서는 어린 네 살과 다섯 살 아이들을 키우며 가정을 돌봐야 하는 엄마와 아내 역할을 동시에 해야 하는 것이었습니다. 기초 정착금이 없어 아이들이 원했던 유치원에 보내지 못했고, 집을 구하지 못해 결국 수도의 산동네에 정착했습니다.

아이들이 다니던 유치원에서 첫 외국인 자녀들이었기에 아이들의 유치원 생활에 대한 어려움들이 엄마로서 마음을 아프게 했습니다. 아이들은 모두 다 잘 적응하지 못했습니다.

첫째, 인기가 있었습니다.
둘째, 맞고 들어오거나 현지 아랍 선생님의 꾸지람을 듣기도 해서 마음 아픈 날들이 참 많았습니다.

악몽도 자주 꾸고 야뇨증도 생겼습니다. 결국, 아들은 다른 현지 학교를 일 년 더 다녔고, 그 후 선교사 자녀학교로 모두 옮기게 되었습니다.

나는 미혼 사역자로서의 과거 경험과 욕심을 내려놓지 못했고, 사역과 가정 모두를 잘하고 싶어서 늘 힘겨워했습니다. 1순위가 하나님과의 관계, 그리고 2순위가 가정이 되어야 했는데, 그 우선순위를 지키기가 쉽지 않았습니다.

돌아보면 사역과 선교라는 우상이 하나님과 가정보다 앞서 나갔던 것 같아 아쉬움이 남습니다. 주어진 가정을 잘 지키고, 남편을 잘 돕고, 아이들을 잘 양육하며, 자신을 잘 관리하는 것이 선교를 잘하고자 하는 욕심보다 더 중요하다는 마음이 듭니다.

후배 선교사님들에게도 "하나님의 선교이지, 내 선교가 아니다"라는 이야기를 꼭 해주고 싶습니다.

물론 선교지에 처음 와서 느끼는 뜨거움과 열심을 품은 후배가 충분히 이해됩니다. 얼마나 많은 것을 포기하고, 훈련받고, 내려놓고 왔으며, 얼마나 원대한 희망을 품고 있는지 제가 짐작하지 못할 것입니다. 그런 후배 선교사님들의 경험을 지켜보며, 사랑으로 인내하며 기다려 주는 선배가 되어야겠다는 생각을 요즘 많이 하게 됩니다.

J국에 도착한 후, 처음 몇 년 동안이 가장 힘들었던 것 같습니다. 산동네에 살면서 아이들이 어려움을 겪고, 아랍어를 제대로 못 해 현지인들이 비웃고, 가난한 아시아인들이라고 놀림을 당할 때가 매우 힘들었습니다.

게다가 J국에는 동남아시아에서 온 가정부들이 많았기에, 아시아인들이 처음 오면 에이즈 검사를 받았지만, 서양 사역자들은 검사받지 않았습니다.

보이지 않는 서양인과 동양인 사이의 애매한 편견과 차별 대우 속에서, 하나님의 사랑으로 그들을 품고 사는 것이 참 힘들었습니다. 같은 혈기로 택시 기사들과 다투기도 했고, 거리낌 없이 거짓말을 하는 문화가 너무 싫었습니다.

또한, 파송교회의 어려움으로 인해 3개월 정도 후원금이 끊기면서 일주일 동안 수돗물을 끓여 먹어야 했고, 한국에서 돈을 빌려 생활비와 학비를 충당해야만 했습니다. 이 시간이 여러모로 힘겨웠습니다. 경제적 어려움으로 인해 남편과도 많이 다퉜습니다. 서로의 탓을 하며 아이들과 우리 부부는 힘겨운 시간을 그렇게 버텨냈습니다.

그러나 감사하게도 안식월로 한국에 돌아와 상담받으며, 가정이 다시 단단해질 수 있었습니다. 하나님은 우리를 위로해 주셨고, 다시 달려갈 힘과 용기를 주셨습니다. 이후 좋은 집 주인을 만나 아이들의 선교사 자녀학교의 가까운 곳에 저렴한 가격에 집을 구했고, 학교생활도 만족스러웠습니다. 이처럼 우리 부부의 사역과 가정의 균형이 잡히면서, 가정은 더욱 단단해져 갔습니다.

이후 한 번의 큰 어려움이 더 찾아왔습니다. 하나님께서 우리 가정에 'J국 수도가 아닌 남쪽으로 내려가라'라는 마음을 주셔서, 수도에서 한 시간 거리의 M지역으로 이사를 한 겁니다. 이후 리더십과 마찰이 생겼고, 관계의 어려움이 시작되었습니다.

이 시간을 통해 하나님은 '사람은 사랑할 존재이지 의지하거나 기대의 대상이 아니며, 아무리 지도자라고 하더라도 모두 연약한 질그릇이고, 죄인이라는 마음으로 서로 불쌍히 여기며 품고 사랑하며 기도해야 한다'라는 것을 깨닫게 하셨습니다.

'큰일을 시작할 때 영적인 공격도 거세진다'라는 것을 절실히 깨닫게 하셨고, '혈과 육으로 싸우지 말고 기도와 사랑으로 깨어있어야 한다'라는 사실도 절실히 느끼는 시간이었습니다.

이후 하나님은 '감당할 만한 고난만 주신다'라는 것을 삶으로 경험하게 하는 시간을 주셨는데, 육체적인 어려움도 있었습니다.

안식년을 마치고 작년 2021년 가을 J국으로 복귀하면서, 새로운 시작을 이루실 주님을 기대했습니다. 하지만 복귀한 지 2주 만에 간의 거대 기생충 혹이 복부에서 터져 응급 수술을 하게 되었습니다. 열이 떨어지지 않아 결국 한국으로 들어와 큰 수술을 하게 되었습니다.

간의 60퍼센트와 쓸개를 제거했고, J국에서의 잘못된 수술로 복부 안에서 유착되고 터진 기생충 혹 안의 알들과 새끼들을 세로로 20센티미터 절개해 씻어내는 큰 수술을 하게 되었습니다.

단순히 물혹인 줄 알았던 것이 기생충 혹이며, 이것이 이전 Y국이나 J국 산동네에서 걸렸다는 것을 알았습니다. 중간 숙주는 양이었습니다.

육체적인 아픔을 통해 '살아있는 매 순간이 감사'라는 것을 다시금 깨달았습니다. '불평은 감사로, 원망은 은혜로 나의 렌즈가 교체' 되었습니다. 나를 힘들게 했던 사람들은 '내가 온전한 사람이 되어가게 하시는 그분의 도구였다'라는 사실도 깨달았고, 무엇보다 남편과 아이들이 너무 보고 싶고 고마웠습니다.

한국에서의 큰 수술 이후 J국에 복귀한 지 이제 한 달이 지났습니다. 그런데 오자마자 코로나19에 걸려 다시금 큰 면역력을 허락하셨으니 너무나 감사한 마음입니다.

이제 살아가는 매일매일이 은혜이고 감사뿐입니다. 숨을 쉴 수 있는 건강한 폐에 감사하고, 웃고 울 수 있는 건강한 몸과 정신에 감사하고 있습니다. 이제는 내 자기 능력과 경험에 의지하지 않고, 살아계신 하나님만 의지하게 하시니 감사합니다. 선교하시는 하나님 아버지가 우리를 어떻게 쓰실지 기대하고 있습니다. 무엇보다 첫사랑을 회복하게 하시니 온전히 감사할 뿐입니다.

기쁨과 보람의 순간들도 많았습니다. 홍콩에서 온 자매와 함께 아랍 사람들에게 무시당하고, 정규 학교의 수업을 받지 못하는 집시 어린이들에게 영어와 아랍어를 가르쳤습니다. 기본 건강과 보건 수업

등을 하는 동안, 한 똑똑한 집시 S가 예수님을 영접했고, "십자가 예수님의 제자가 되겠다"라는 고백을 했는데, 그 들으며 제자로 양육했습니다.

우리 딸이 "엄마와 아빠처럼 선생님 선교사가 되고 싶다"라고 했을 때 행복했고, 깨어진 관계들이 회복되고, 선교 사역자들이 살아날 때 감사했고, 무슬림 동네의 아줌마 S가 예수님 사진을 가지고 있음을 알게 되었을 때 감격했으며, 함께 성경 공부를 하던 동방정교기독교 친구들이 한국에서 수술하는 나를 위해 기도해 주었을 때 감동했습니다.

J국 수도에서 1시간가량 떨어져 있는 M지역에 언어센터를 세우려고 준비 중입니다. 아랍어와 영어를 가르치다가 현지인에게 양도하고 돌아오는 것이 최종 목표입니다.

M지역 아래쪽으로는 현지인 교회가 거의 없습니다. 강력한 이슬람이 포진되어 있는 곳이라 안전과 보안이 가장 중요합니다. 하나님께서 주신 마음으로 그 땅에 나아갑니다. 추수할 것은 많은데 일꾼이 없습니다. 일꾼들은 아이들 학교와 안전 문제로 인해 수도에 대부분 모여 있습니다.

M지역 언어센터를 통해 사역자들에게 아랍어를 더 교육하고, 현지인들에게 일자리 창출과 삶을 통한 복음 전도와 제자 양육과 훈련을 제공하고, 영어를 현지인에게 더욱 접근성 있게 가르치려고 합니다.

궁극적인 목표는 J국 중고등학교에 방과 후 영,수 학원과 음악, 미술, 태권도 등을 가르치는 학원을 세운 후, 이를 현지인이 경영하게 하여, 남쪽을 향한 복음 전파의 통로 역할을 할 수 있도록 하는 것입니다.

이십 대의 인생에 가장 큰 전환점이 되어준 일신기독병원과 선후배님들에게 감사한 마음을 전하고 싶습니다.

도전하는 자에게 주님은 기회를 주십니다. 기회가 주어졌을 때, 더 많이 배우고 큰 세상을 품는 준비된 후배님들 되시기를 기도합니다. 그리고 넓은 세계로 나오면 하나님의 위대하심을 더 많이 볼 수 있다는 것도 잊지 마시기 바랍니다.

간 수술 후 건강이 온전히 회복되도록 기도해 주세요.

매일 온 가족이 하나님을 더 사랑하며, 성령으로 충만하여 하나님과 동행하며, 기쁘게 순종하며 자라가도록 기도해 주시고, 사춘기 딸과 아들이 인격적으로 예수님을 만나며, 건강하게 삶의 목표와 방향을 잡아가도록 기도해 주세요.

M지역 언어센터 준비에 필요한 모든 재정과 돕는 사람들과 필요를 채워주시며, 주님을 기쁘시게 하는 모든 준비 과정 가운데 순전함으로 인도해 주시길 기도해 주세요.

무엇보다도 이 모든 일들을 소망으로 준비하는 저희에게 매일 주님께서 기쁨과 지혜와 용기로 기름 부어주시도록 기도해 주시기를 부탁드립니다.

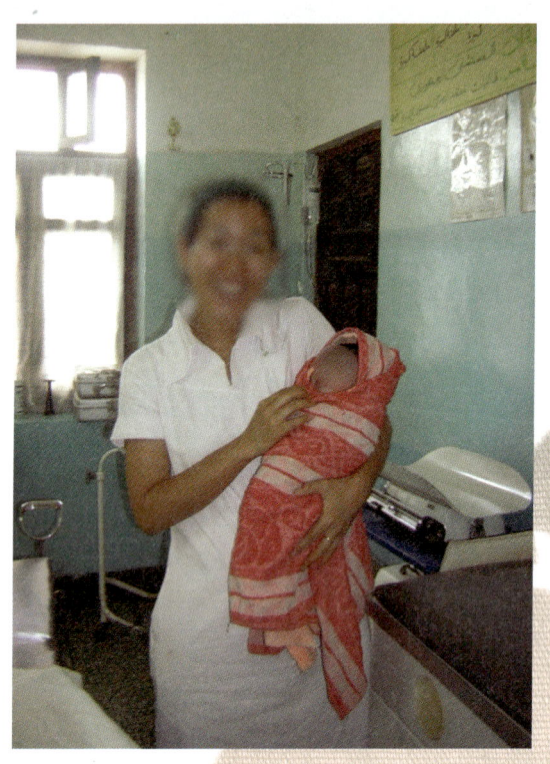

단비 선교사

열방의 경험과 언어로 열방을 섬기게 하신 하나님

강루디아 선교사 (AF T국)

간호대학 졸업을 앞두고 선교사의 꿈을 가지고 있었던 나에게, 학교 게시판에서 붙은 일신기독병원의 조산 간호사 수료 과정 안내문이 너무나 선명하게 내 눈에 들어왔습니다.

간호학의 한 분야를 좀 더 심도 있게 공부하면, 미래의 선교지에서 만날 아이들과 여성들의 필요를 채우고 섬길 기회가 더 많이 찾아올 것 같았습니다. 주저함 없이 바로 수련 과정에 지원했고 일 년간 조산학을 공부할 수 있었습니다.

물론 대학을 졸업하자마자 접한 훈련은 쉽지 않았습니다. 그러나 선교지에서는 꼭 필요한 훈련이었고, 미래를 예비하시는 주님께서 일찍부터 나를 훈련하신 것이 분명하다고 믿었습니다.

일신기독병원에서 조산사 훈련을 함께 받은 81기 선생님 중 선교의 비전을 품고 미리 준비하기 위해 수련 과정에 지원한 선생님들이 많았습니다.

전국에서 단 두 병원에서만 조산사 훈련 과정을 이수할 수 있었기 때문에 각지에서 모여든 선생님들과 선교의 비전을 나누며 동지로써 깊은 교제를 할 수 있었습니다. 일 년간의 수련 과정을 함께하면서 많은 것을 나누고 서로를 통해 배울 수 있었습니다.

밤 근무를 마친 후에도 피곤한 줄 모르고 병원 예배실에 함께 모여 기도회를 했습니다. 밤새워 일하느라 피곤했고 지친 눈꺼풀은 무거워 나도 모르게 내려왔지만, 소수가 모인 '골방기도회'는 무척이나 뜨거웠습니다.

3교대로 인해 몸은 지치고 힘들었어도 함께 수련받는 선생님들과 교제하면서 신앙은 더욱 깊어졌습니다. 예배와 함께 병원 행사에도 빠지지 않고 참석하면서, 수련 과정 동안 오히려 주님과 깊은 관계를 맺을 수 있었습니다. 그리고 예수님을 믿지 않았던 동료 선후배 선생님들에게도 복음을 전하고 나누는 기쁨이 있었습니다.

일 년간의 수련 과정을 마친 후, 일신기독병원에 남게 됐습니다. 함께 기도했던 선생님 중 한 분과 정직원으로 근무하기 전, 일 주일간의 휴가를 어떻게 보낼지 의논하다가 우리는 서울에서 열리는 한 선교세미나에 참석하게 되었습니다. 일 년간의 힘든 훈련을 마치고 겨우 얻은 일주일 휴가였는데, 휴식을 마다하고 선교세미나에 참여하기로 한 것입니다.

우리는 부푼 마음으로 세미나에 참석했습니다. 선교사님들의 강의와 도전에 나는 바로 헌신하기로 마음먹었고, 일 년간의 선교 훈련을 받기로 했습니다.

3교대 병원 근무를 하면서 부산에서 대전, 그리고 서울을 오가며 일 년간 선교 훈련을 받는 것이 결코 쉬운 일은 아니었습니다. 월급은 받는 대로 교통비로 모두 사용할 만큼 정신없는 시간이 지났습니다. 그러나 '내 안의 열정'은 식을 줄 몰랐고 오히려 차고 넘쳤습니다. 그러고는 마침내 하나님의 은혜로 선교 훈련을 무사히 마칠 수 있었습니다.

여러 나라에서 온 선교사님들의 강의를 들으면서 '단기 선교여행을 가고 싶다'라는 마음이 강하게 일어났습니다. 결국, 일 년 반의 짧은 병원 생활을 정리하고, 삼 주간 동안 T국과 우즈베키스탄으로 단기 선교여행을 떠났고, 돌아온 후 구체적인 선교 비전을 품고 선교지로 나갈 준비를 하게 되었습니다.

단기 선교여행을 다녀온 이후, T국에 장기 선교사로 파송 받기 위해 기도하며 준비했습니다. 하지만 선교 단체 지도자들의 권유로 인해 한 번도 생각해 보지 않았던 카자흐스탄으로 선교를 떠나게 되었습니다.

미혼으로 칠 년간 그곳에서 팀사역을 한 후 결혼하게 됐습니다. 나는 카자흐스탄에서, 남편은 지구 반대편 중남미의 볼리비아와 온두라스와 과테말라에서 각자 사역하다가 마침내 만나게 되었습니다.

그렇게 각자의 선교지에서 장기 사역을 하다가 늦은 나이에 만나 결혼하게 된 우리, 너무나 하나님께 감사해서 "이제 더 이상 혼자가 아닌 둘이니 다른 이들이 가기 힘들어하는 외지로, 변방으로 보내달라"라고 기도하며 준비했습니다.

결국, 남편의 기도 응답을 통해 AF국으로 가기로 했습니다. 그러고는 결혼한 지 두 달 만에 모든 것을 할 수 있을 것 같은 충천된 사기와 기대를 가지고 AF국의 수도에 도착했습니다.

그러나 AF국에서의 칠 년 사역 중 나는 두 번의 암 투병을 하게 됐고, 오랜 병원 생활로 인해 AF국 체류 비자 연장이 어려워져 더 이상 AF국 입국을 할 수 없게 됐습니다.

건강을 회복한 후 다음 선교지를 결정하기 위해 미국 동부의 필라델피아 선교본부를 다녀온 후, 처음에 품었던 T국으로 선교지를 변경하게 되었습니다. 파송 단체장 목사님은 급하게 다시 선교지로 나가는 것보다 조금 더 휴식할 것을 권유하셨습니다. 선교사는 선교지에 있어야 제일 편하다는 사실을 너무 잘 아시면서도 나의 건강을 매우 걱정해 주셨던 것입니다.

그러나 선교지가 우리 집이었고, 가장 편안하게 휴식할 수 있는 곳이기도 했습니다. 우리는 바로 가방 하나만 챙겨 T국으로 출발했습니다. 그렇게 세 번째 선교지 적응 훈련이 시작됐습니다. 그리고 지금까지 구 년째 T국에서의 사역을 이어오고 있습니다.

지구화권에 적응하면서 산다는 것이 결코 쉬운 일은 아니지만, 주님의 계획에 이끌려 세 번이나 선교지를 이동하게 됐습니다. 물론 선교지를 바꾸는 것이 단점만 있는 것은 아닙니다. 지내면서 자연스레 습득한 언어가 다섯 개나 되니, 세계화 시대에 맞춰 가는 곳마다 거주하는 이전에 섬겼던 민족들까지 함께 섬길 수 있는 은혜를 누리고 있습니다.

되돌아보면, 거쳤던 모든 선교지의 정착과 삶이 쉽지는 않았던 것 같습니다.

첫 선교지인 카자흐스탄에 도착해 정착할 때도, 먼저 오신 팀 선배 선교사님들이 계셨지만, 처음부터 끝까지 일일이 정착에 필요한 모든 것을 도와주지는 않았습니다. 어떻게 하든 간에 혼자 부딪히면서 실수하더라도 빠르게 선교지에 적응하기를 원하셨던 것 같습니다.

처음 혼자서 정착했을 때는 무섭고 두렵다는 생각보단 타 문화권에 처음 살아보는 약간의 긴장감, 흥분 그리고 기대가 있었습니다. 물론 생각지도 못한 어려운 일들도 참 많았습니다. 대학교 기숙사에서 생활을 시작할 때, 위층에서 물을 잠그지 않고 외출해 버려 천정에서 물이 쏟아져 내리는 황당한 일을 겪기도 했습니다.

선교지에 가자마자 얼마 안 된 시기여서 말도 잘 안 통하고 도움을 청할 때도 없었습니다. 마침 시장에서 만난 현지인 친구에게 도움을 요청해 문제를 해결한 적도 있었습니다. 교통사고를 당해 정신없는 상황에서 가방을 도둑맞기도 하고, 속아서 열 배의 가격을 주고 물건을 구매한 적도 비일비재했습니다.

결혼하자마자 은혜가 충만한 마음으로 남편과 함께 간 두 번째 선교지 AF국의 생활은 무엇을 생각하든 '상상 그 이상'이었습니다.

아무도 가기를 원하지 않던 변방으로 순종하며 첫발을 내디뎠을 때, '무엇이든 이겨낼 수 있으리라' 생각했지만, 우리를 기다리고 있던 AF국의 영적 세력은 호락호락하지 않았습니다. 우리의 충전된 믿음의 사기를 단번에 겪어 버렸습니다.

공항에 내리자마자 흙먼지 바람으로 인해 콧물이 줄줄 흘러내렸습니다. 처음 본 도시 모습은 참혹했습니다. 오랜 내전으로 건물마다 총알과 포탄에 맞은 흔적들이 그대로 남아있었습니다. 여자들은 머리부터 발끝까지, 심지어 눈가를 그물로 가린 '부르카'를 입고 다녀 누가 누구인지 전혀 구분할 수가 없었습니다.
 그것도 남편의 동행이 없으면 바깥출입조차 자유롭게 할 수 없는 상황이었습니다. 나도 머리에 긴 스카프를 두르고 엉덩이를 가린 전통 복장을 하지 않으면 밖을 나갈 수가 없었습니다.
 폐허가 된 도시에서 살아가기 위한 모든 것들을 스스로 만들어 내야만 했습니다. 당연히 수도, 전기, 상하수도 시설 등 사회 전반적 기반 시설이 마련되어 있지 않았습니다.
 집안엔 얼마나 깊이 팠는지도 알 수 없는 우물만 있어서 오염된 물을 길어 생활해야만 했습니다. 전기 공급도 정해진 시간 없이 수시로 끊겼습니다. 공급될 때도 전압이 일정치 않아 모든 가전제품에 전압 안정기를 달아야만 겨우 가전제품 하나씩 사용할 수 있었습니다. 세탁기를 돌리기 위해서는 다른 모든 가전제품의 전원을 꺼야만 했던 겁니다.
 치안도 너무 불안해 혼자 외출하는 것은 정말 위험했습니다. 심지어 집에서마저도 24시간 지켜주는 경비를 고용해야만 했습니다. 편히 쉴 수 있는 공원도, 여유롭게 차를 마실 수 있는 커피숍이나 영화관도 없었습니다.
 그야말로 감옥에 갇힌 것과 같은 시간을 보내야만 했습니다. 우리가 할 수 있는 일은 오직 현지인 가정 방문 뿐이었습니다. 이러한 상황을 극복하기 위해 문화적인 접근 방법으로 전도해 나간 겁니다. 남편과 함께 주변 가정들을 심방하며 여성들을 만났습니다.

AF국에서는 남자와 여자를 철저히 분리합니다. 가정에서도 남자와 여자들은 함께 식사도 하지 않습니다. 그렇게 만난 가정들과 교제하면서 전도를 시작했고, 한 달에 한 번씩 마을을 돌아다니며 간단한 진료를 보기 시작했습니다.

병원도 없고, 약도 구할 수 없는 AF국 현지인들에게는 간단한 상비약만 나누어 주어도 큰 도움을 줄 수 있었습니다. 한번은 라마단이 끝난 후 구제 사역을 진행했는데, 비타민을 나눠주다가 인파에 깔려 죽을 뻔한 적도 있었습니다. '굶주린 사람들을 위한 구제 사역에는 많은 지혜가 필요하다'라는 것을 절실히 느끼게 된 사건이었습니다.

부모님의 보살핌 없이는 생존할 수 없는 갓 태어난 신생아처럼, 이렇게 낯선 곳에서의 초기 정착은 어려웠지만, 선교지 정착 초기에서 부딪힌 사건들로 인해 주님을 더욱 간절히 찾게 되었고, 주님께서 주시는 지혜와 방법으로 살아갈 수 있었습니다.

기독교가 박해받는 힘든 상황 속에서도 하나님은 부족한 우리를 통해 일하셨습니다. 교회는 날로 부흥했고 비밀리 모이는 숫자가 많아졌습니다.

급기야 6개월에 한 번씩 동네 이슬람 지도자들의 시선을 피해 이사를 해야만 했습니다. 이삿짐을 싸고 풀기를 반복하며 쫓기듯이 도망을 다녔지만, 교인들의 안전을 위해 어쩔 수가 없었습니다.

우리는 방과 후 학교를 운영하면서 아이들에게 복음을 전했는데, 십오 세~이십 세인 아이들과 두세 가정이 예수님을 믿게 되어 오십 명의 인원이 매일 함께 예배를 드렸습니다.

AF국의 교육은 너무 열악해 하루에 세 시간 정도 수업하는데, 정식으로 교육받은 교사들이 부족하여 그 반에서 가장 똑똑한 아이가 선생님 대신 가르치기도 합니다. 그래서 하루 세 시간의 학교 수업 외에는 학원도 없고, 여가를 즐길 곳도 없어 방과 후 학교를 하는 우리 집으로 매일 아이들이 몰려들었습니다.

오전엔 남학생들, 오후에는 여학생들에게 영어, 컴퓨터, 재봉, 음악 등을 가르쳤습니다. 수업 후에는 매일 함께 예배를 드리고 기도하며 식사도 같이 했습니다. 1년 365일 합숙이나 다름없는 나날이었습니다.

그러던 중 사랑하는 첫 제자가 친구에게 성경을 전해주다가 현장에서 체포되어 사형선고를 받게 된 일이 일어났습니다. 성경을 전해주려고 한 친구를 만나려고 했는데, 친구가 미리 경찰을 데려와 매복한 것이었습니다.

첫 제자의 체포 소식 후, 소수의 아이는 두려워 흩어졌습니다. 몇몇 가정은 다시 무슬림으로 돌아갔습니다.

남은 교인들은 함께 기적이 일어나길 간절히 기도했습니다. 전 세계적인 중보 네트워크가 가동되었고 우리 모두 더욱 열심히 기도했습니다. 정말 말로 다 표현할 수 없는 박해도 받았고, 기적도 많이 일어났습니다. 마치 하나님이 우리들의 믿음을 시험하고 계시는 것만 같았습니다.

감사한 것은 교회 리더가 잡혀간 것을 직접 목격했고, 협박을 당하거나 집에 매일 찾아오는 경찰에게 수시로 수색당하면서도, 목숨을 걸고 믿음을 지킨 교인들이 다수 있었다는 겁니다.

놀랍게도 그들의 나이는 열다섯~열아홉 살로 대부분이 십 대였습니다. "죽이겠다"라고 협박하고, "다른 아이들도 감옥에 잡아넣겠다"라고 하며, 심지어 큰돈을 요구하기도 했습니다. 감옥에 잡혀간 자식 때문에 큰 충격을 받아 충격으로 어머니가 돌아가시기까지 했습니다. 밀어닥친 이 모든 상황이 너무 힘들었고, 이슬람으로 돌아가는 영혼들을 지켜보는 것도 너무 안타까웠습니다.

'아이들을 잃는다'라는 것은, 자식을 잃는 것과 같은 아픔이었습니다. 한 영혼을 만나 오랜 기간 예수님의 제자로 만들기 위해 온갖 정성을 쏟으며 양육해서 키운 모든 수고가 물거품이 되는 것만 같았습니다. 바울의 고백처럼 오직 자라게 하시는 분은 하나님이신 것을 믿고, 영혼들을 주님께 올려드릴 수밖에 없었습니다.

감사한 일은 기도의 응답으로 감옥에서 사형 선고를 받았던 제자는 무사히 탈출할 수 있었고, 현재 캐나다에 정착해 살고 있습니다. 할렐루야!

또한, 함께 팀사역을 하던 선생님들 세 분이 탈레반에 납치된 사건을 겪으며 우리는 다시 어려움 가운데 처하게 되었습니다. 우리도 함께 같은 버스를 타고 가려고 했지만, 출발 전 리더인 목사님께서 같은 교회 출신이 아니라는 이유로 거절하셔서 먼저 출발한 버스를 따라 택시를 타고 가고 있었습니다.

하나님께서 우리를 이 땅에 남겨두기를 원하셨는지 우리는 극적으로 위기를 피할 수 있었던 것입니다. 결국, AF국에서 사역하시던 모든 한국 선생님들은 철수하게 되었고, 미국 국적을 가진 우리 가정만

남아 사역을 이어가게 되었습니다.

 감사하게도 '이 모든 풍파에 마음 아파하며 외롭다'라고 생각할 겨를도 없이 교회는 부흥해 갔고, 믿는 자의 숫자는 날로 늘어갔습니다. 바알에 무릎 꿇지 않은 7,000명을 남기셨듯이, 교회가 없는 AF국을 위해, 주님께 순종하는 준비된 영혼들을 붙여주셨습니다. 아이들과 부대끼면서 함께한 오 년간의 시간이 정말 정신없이 흘러갔습니다.

 우리에게 닥친 또 다른 큰 시련은 추운 겨울 남편에게 찾아온 뇌졸중(Cerebrovascular disease)이었습니다.

 일교차가 크고 냉난방시설이 전혀 되어 있지 않은 환경에서 긴 겨울을 나기 위해 나무와 톱밥, 기름 등을 사용해서 난로를 사용하며 영하의 추위를 견뎌야만 했습니다. 영양의 불균형과 극심한 온도차를 온몸으로 받아내며 버티다가 결국 남편은 뇌졸중으로 쓰러져 반신불수가 되었습니다.

 주님의 기적 같은 은혜로 회복되었지만, 그 당시 손상된 뇌 조직으로 인해 체온 유지가 안 되는 바람에 평생을 부작용을 안고 살아가고 있습니다.

 지금에 와서 돌아보면, 어떻게 이 많은 어려운 순간들을 견뎌냈는지 모르겠습니다. 일일이 열거할 수 없는 시간이 주마등처럼 스쳐 지나갑니다. 주님께서 주시는 힘과 은혜가 없었더라면 결코 이겨내지 못했을 뿐 아니라 오히려 감사했던 시간으로 기억되지 못했을 것입니다. 모든 순간 함께 하셨던 주님께 영광을 돌립니다!

 감사한 날들이었습니다.

십 대였던 아이들은 성장해 결혼해서 자녀를 낳고 건강한 신앙인으로 자라 가정을 이루게 되었습니다. 현재 AF국에서 우리가 양육했던 교인들이 인근 국경을 넘어 난민, T국에 정착했습니다.

우리는 정기적으로 모여 2박 3일 일정으로 캠프를 진행하기도 합니다. T국 정부의 난민 정책은 '난민으로 정착하게 되면 정부에서 정해주는 도시 밖을 벗어날 수 없고, 허가서를 받고 제한적으로만 이동할 수 있다'라는 겁니다. 이곳에 정착한 제자 두 가정이 거리상으로 멀리 떨어져 있지만 정기적으로 한곳에 함께 모이고 있습니다.

감사한 일은 이번 새해 모임에서는 그들이 T국에 도착해 전도한 또 다른 AF군 난민 가정을 포함해이십 명이 넘는 이들이 함께 모여 은혜로운 시간을 보낸 것입니다.

나의 카자흐스탄과 AF국에서의 사역, 그리고 남편의 결혼 전 중남미에서의 사역은 큰 의미로 다가왔습니다. 세계 어디를 가든지 내가 섬겼던 중앙아시아 민족과 AF군 하자라족 등을 만날 수 있습니다. 선교지를 옮기는 것이 사역의 연속성이 끊어지는 것으로 보였지만, 하나님께 순종하며 수고했던 모든 시간을 영혼 구원에 사용하게 하시는 것을 경험하고 있습니다.

세 번이나 이동한 선교지 덕분에 여섯 가지 언어를 할 수 있게 되었습니다. 그래서 언어적인 장벽 없이 T국의 교회뿐만 아니라, AF국과 중앙아시아의 교회(International Church Planting) 모두를 섬길 수 있게 됐습니다. 서로 다른 민족들이 모여 하나님 안에서 서로를 사랑하며 섬기며 더욱 역동적인 교회를 섬길 수 있게 된 것입니다.

걸어온 길을 돌아보면, 모든 것이 주님의 놀라운 계획이요, 은혜라고 고백할 수밖에 없습니다. 주님께서 이 모든 일을 허락하셨으니 오직 주께 영광을 돌립니다!

소망하기는 T국에서 섬기는 교회가 건강하게 이 땅에 뿌리내리기를 원합니다. AF군 난민 교회도 함께 성장하기를 기도합니다.

T국에 난민으로 정착한 AF군 가정이 전임 사역자로 헌신한 후 통신으로 신학 공부를 하고 있습니다. 저희 가정이 사역하고 있는 지역에서 차로 세 시간 떨어진 지역에 헌신한 가정을 중심으로 교회 설립을 준비하며 기도하고 있습니다.

앞으로 세워질 교회가 수많은 난민을 위로하며 복음을 전하는 전초기지로 사용되길 원합니다. 태어나고 자란 고향을 떠나 타향살이로 고통받는 난민들을 위한 센터가 세워지길, 또한 원하고 있습니다. 그곳이 예배 처소와 전인적인 배움의 장소로 사용되기를 소망 가운데 준비하고 있습니다.

T국에 정착한 AF군 기독교인을 위해서 기도해 주십시오.

저희가 섬기고 있는 지역의 한 가정이 전임 사역자로 헌신해 교회 개척을 시작하려고 합니다. 이 가정을 통해 많은 영혼이 주님께 돌아올 수 있도록(잘 쓰임 받을 수 있도록) 기도해 주십시오.

현지인들이 하나님보다 높아진 우상을 버리고 '참 하나님'을 만날 수 있도록 준비된 영혼들을 모아 주시고, T국의 교회를 통해 아랍권 전도의 문이 활짝 열릴 수 있도록 기도 부탁드립니다.

사랑하는 성도님!
그리고 일신 가족 여러분!

하나님께서 여러분을 통해 이루기를 원하시는 일들이 있습니다.

그분의 역사에 순종하며 주님께 모든 것을 온전히 내어드리십시오. 모든 것을 내려놓고 여러분의 삶을 주님께 온전히 맡기십시오. 아무리 머리를 써도, 그리고 아무리 노력해도, 주님께서 인도하시고 계획하신 길이나 일보다 안전할 수도 없고, 더 잘 해낼 수도 없으며, 성공할 수도 없습니다.

작은 일부터 주님과 동행하기를 실천하시기를 원합니다.

오십 살이 넘은, 지금까지 걸어온 길을 돌아보니, 우리에게 주어진 시간이 그리 길지만은 않은 것 같습니다. 늘 기쁘고 감사함으로, 주님 안에서 무슨 일을 하든지, 그분께 영광을 돌리며 행복을 누리시길 원합니다.

주님께 드릴 귀한 열매 영혼을 낳는 삶을 살아가는 여러분 모두가 되시기를 기도합니다.

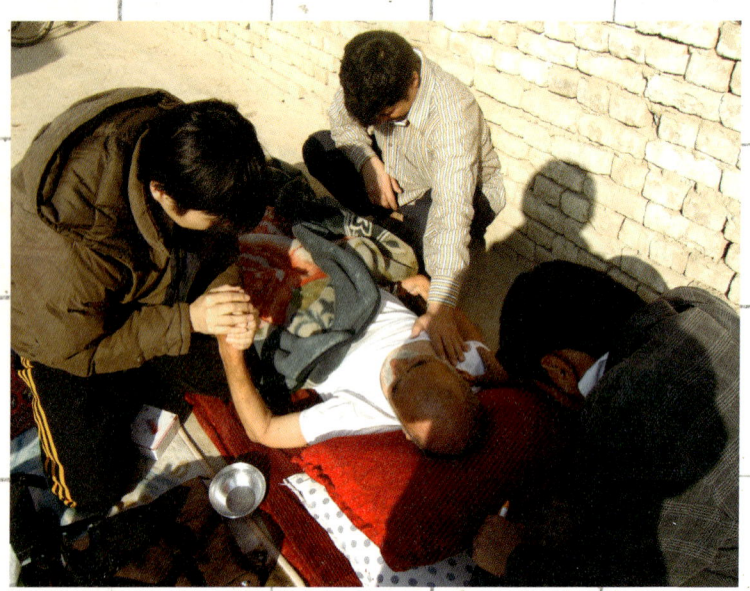

중풍 병자를 위한 기도

기도 모임

현지 여성을 위한 현지 의료인 양성을 위해

김정혜 선교사 (아시아 미얀마, Republic of the Union of Myanmar)

일신기독병원과의 만남은 당시 일신부인병원에서 인턴으로 1977년 3월 2일부터 근무하면서부터입니다.

대학 생활을 마친 후 인턴으로 첫 사회생활을 시작하면서, 원하는 과를 찾아서 병원에 서류와 함께 시험과 면접을 치렀습니다. 산부인과를 원했지만, 서울에서는 일할 곳을 찾기 힘들었습니다. 당시 산부인과는 인기가 있으면서도, 일이 힘들다고 하여 남자 의사를 선호했고, 여성들이 갈 곳이 적었습니다.

그때 '여의사만 뽑는다'는 부산의 산부인과 병원이 있다고 하여 거의 마지막으로 인턴 시험을 보게 되었는데, 일신부인병원이 규모가 큰 산부인과 병원인 줄도 모르고 지원했습니다.

일신기독병원은 산부인과 전문병원이었고, 환자가 너무 많아 응급실 당직 때는 정상 분만을 잘할 것 같은 환자들은 응급실에서 다른 병원으로 돌려보내고, 문제가 있는 환자만을 선별해서 받았는데도 병상이 넘쳐날 지경이었습니다.

특히 김영선 원장님과 민보은(Barbara Martin) 선생님 등 다른 과장님들 밑에서의 레지던트 훈련은 삼 일에 한 번씩 당직하고, 공부하고, 수술을 배우며, 외래 환자를 보는 법을 배우는 벅찬 훈련이었습니다.

호주에서 온 선교사였던 민보은 선생님께서 환자들을 애틋하게 대하시며 공감해 주시는 모습이 너무나 인상적이었습니다. 반면, 저희에게는 완벽을 추구하시며 정확하게 환자를 보도록 엄격하게 독려하셨습니다.

이런 가르침 속에서 일신 출신 산부인과 의사들은 실력을 갖추었고, 항상 새로운 것을 배우려고 노력하는 진정한 의사로서의 모습을 갖게 되었습니다.

민보은 선생님은 1979년 호주 애들레이드시(市)에 있는 아동 병원(Children's Hospital Craniofacial Unit)에서 외과수술(Plastic Surgery)을 받을 수 있도록 주선해 주셔서 수개월 동안 호주에서 지낼 수 있었습니다. 처음 해외에 나가 혼자서 큰 수술을 받는 것이었기에 고생은 되었지만, 많은 것을 배울 수 있었던 좋은 기회였고 호주 교회의 도움을 많이 받을 수 있었습니다.

일신기독병원에서의 레지던트 훈련 기간 동안 신앙생활은 쉽지 않았습니다. 병원 아침 예배도 제대로 참석할 수 없었고, 교회도 잘 나갈 수 없을 정도여서, 가끔 부산진교회에 출석할 수밖에 없었습니다.

그러나 선교사님들이었던 매혜영(Catherine Mackenzie) 선생님과 민보은 선생님 아래서 신앙인의 참모습을 실제로 볼 수 있었습니다. 함께 일하면서 환자에게도 최선을 다하시고, 가르치는 데도 최선을 다하시는 모습을 지켜보며 '말로만 그리스도인이 아니라 온전히 실천하는 그리스도인의 모습을 배운 것이 가장 큰 소득이다'라고 할 수 있습니다. 그분들의 모습에서 감동한 많은 직원이 스스로 그리스도인들이 되어, 믿음 생활하며 각자의 일을 감당하고 있는 것을 보고 있습니다.

해외 선교를 결심하게 된 동기는 자연스러웠습니다. 산부인과를 택했던 가장 큰 이유는 대학 때 의과대학 봉사부장을 하면서부터입니다. 1970년대만 해도 아주 열악했던 시골에 봉사활동을 오랫동안 다녔습니다. 시골에서 고생하고 자식들을 위해 희생하면서도, 자신을 돌보지 못하고 있는 많은 농촌 여성을 보면서, '그들을 위해 산부인과를 해야겠다'라고 마음먹었습니다.

일신기독병원에서 많은 어려운 환자들을 만나며 '산부인과 택하기를 잘했다'라고 항상 생각했습니다. 신교회에서 성기석으로 진행하던 의료 봉사를 다니면서 봉사하는 즐거움도 알아가게 되었습니다.

첫 해외 선교는 일신기독병원에서 근무하던 1991년, 방글라데시의 통기클리닉에 파견 되면서부터입니다. 통기클리닉은 콤스(KOMMS, 한국의료해외 선교협회-일신기독병원을 포함한 7개의 기독교병원선교회가 만든 해외의료 선교연합 단체)가 주축이 되어 방글라데시에 세운 의료 클리닉이었습니다. 그동안 수고하던 선교사님이 네팔로 이동하시면서 의사가 없게 되자, 각 회원 병원에서 4개월씩 돌아가며 단기 의료 선교사를 파견하기로 했던 것입니다.

해외 선교에 관심이 있었던 저는 세 살 된 첫째와 육 개월짜리 둘째를 지인에게 맡기고 사 개월을 통기클리닉에서 활동했습니다. 당시 클리닉은 수술할 수 있는 시설이 없었고, 외래만 볼 수 있는 상황이라 큰 도움을 줄 수는 없었지만 열악한 의료 선교의 현실을 보는 계기가 되었습니다.

이후 통기클리닉을 꼬롬똘라병원으로 이전했고, 가정의학과 이석로 선교사가 장기로 헌신하게 되면서 일 년에 한 번씩 의료 봉사로 가게 되었습니다. 이어서 외과 의사 박무열 선교사가 수술실을 지어 본격적으로 수술 시설까지 갖추게 되었고, 기쁜 마음으로 일 년에 한 번씩 가서 많은 수술을 하며 사역했습니다.

화명일신병원 원장으로 일하면서도 방글라데시 꼬롬똘라병원, 캄보디아의 헤브론병원 등에서 직원들과 함께 의료 선교를 가며, 직원들의 믿음을 격려하고 함께 봉사활동을 했습니다.

시간이 지나 어느 정도 병원도 안정되고 아이들도 독립하면서, '더 늦기 전에, 그리고 더 늙기 전에 해외에 나가 봉사해야겠다'라는 생각에 사표를 내게 되었습니다.

당시 일신기독병원 이사장님께서 "법인에서 직접 해외 의료 선교를 시작하고 싶다"라고 하시며, 미얀마 의료 선교 계획을 말씀하셨습니다. 그리고 2015년 3월에 미얀마 양곤에 가게 되었습니다.

미얀마에 도착한 후, 초기 정착 과정이 쉽지 않았습니다. 방글라데시 꼬롬똘라병원이나 캄보디아 헤브론병원은 특별한 허가 없이도 근무할 수 있었던 선교병원이었는데, 미얀마 양곤에는 우리가 근무할 병원이 없었습니다. 처음부터 미얀마 병원에서 같이 일하면서 우리의 선교병원을 나중에 설립할 계획을 세우고 있었기 때문에, 우리가 접촉했던 근로자병원(Worker's Hospital)은 보험이 있는 노동자를 위해 정부가 운영하는 병원으로, 의사로 일하기 위해서는 허가받아야만 했습니다.

정부의 허락을 받는 데 무려 8개월이 걸렸으며, 비자도 90일이어서 정부 허가를 받을 때까지 여러 차례 한국에 나와야만 했습니다. 양곤에서 언어 공부를 하다가, 한국으로 귀국하는 길에 캄보디아 프놈펜의 헤브론병원에 가서 수술을 해줬습니다.

이렇게 5번을 오가고 나서야 겨우 6개월 비자를 받았고, 이후 1년 비자를 받을 수 있었습니다.

2015년 8월 일신기독병원 법인에서 양곤 노동자병원에 의료기기나 소모품 등을 기증했습니다. 또한, 2015년 12월에서 2016년 3월까지 주니어 컨설턴트 나잉 선생과 수술실 간호 사무를 일신기독병원에 보내 수련받게 했고, 저는 2016년 3월 17일 노동자병원에 드디어 첫 출근을 할 수 있었습니다.

2016년 8월에는 노동자병원에 기증한 초음파가 도착해 드디어 환자를 제대로 진료할 수 있었고, 나잉 선생과 같이 즐겁게 환자를 보고 수술하며 돈독한 관계를 유지할 수 있었습니다.

2016년 8월에는 근로자병원 원장과 시니어 컨설턴트를 한국에 초대했습니다. 부산지역 일신병원들과 제주도와 서울 등을 여행할 수 있게 함으로 좋은 관계를 맺었고, 최신 의료 시설과 정보를 공유할 수 있었습니다.

하지만 나잉 선생이 다른 곳으로 전근을 가고 새로운 시니어 컨설턴트가 왔는데, 초음파를 배울 생각도 없고, 내게 환자를 미루면서, 초음파를 가르쳐 잘 진단하고 치료하기를 바랐던 나의 처음 계획이 어긋나게 되었습니다.

그래서 생각한 것이 '대학병원에 가서 가르치면 더 효과적이지 않을까' 하여 양곤의과대학 산부인과를 접촉해 보기로 했습니다.

2016년 10월 근로자병원에서 자궁근종절제수술과 산과 초음파에 대한 워크숍을 기획했고, 정재혁 원장과 이소영 과장의 도움으로 성황리에 마칠 수 있었습니다.

당시 방문했던 양곤 제2의과대학 교수를 소개받았고, 2017년 2월에 양곤 제2의과대학 부속병원에서 정재혁 원장과 이소영 과장과 함께 다시 워크숍을 하게 되었습니다.

미얀마 산부인과 학회에도 참석해 대학교수들을 소개받았고, 2018년 11월 23-24일에는 제1양곤의과대학부속병원인 중앙여성병원(Central Women's Hospital)에서 요실금 수술(TOT) 워크숍을 할 수 있었습니다.

2019년 2월에 다시 중앙여성병원에서 자궁근종절제수술을 정재혁 원장의 도움으로 개최했고, 그들의 요청으로 2019년 3월 7일부터 중앙여성병원으로 옮겨 갈 수 있게 되었습니다.

2019년 9월에는 법인에서 기증한 초음파 4대와 부인과 진료대를 중앙여성병원에 기증했고, 본격적인 초음파를 이용한 부인과 진료를 시작할 수 있었습니다.

중앙여성병원은 1887년에 세워진 미얀마에서 가장 오래되고 규모가 큰 산부인과 병원으로 한 달에 1,000명 이상의 분만과 하루 20회 이상의 부인과 수술을 진행하는 1,000개 침상을 갖춘 병원으로 산부인과 의사만 250명이 있는 가장 큰 교육병원(Training Hospital)입니다.

그러나 당시만 해도 산부인과에 2대의 초음파만 있었고, 방사선과 의사에 의해 이루어졌기 때문에 산과 환자가 초음파를 받으려면 1달을 기다려야 하는 상황이었고, 부인과 초음파는 질초음파 없이 복부 초음파만 약간씩 이루어지고 있었습니다.

산부인과 의사들은 초음파를 다룰 기회가 없는 형편이었고, 부인과 환자 진단은 단지 문진과 촉진으로만 이루어지고 있었습니다. 그러한 상황에서 4대의 초음파를 응급실, 병실, 분만실, 외래에 배치하여 초음파 다루는 것을 가르치게 되었던 것입니다.

시간이 지나 갓 전문의가 된 이들이 응급실에서 질초음파를 배워 임신 초기 출혈 환자들을 구별할 수 있게 되었고, 병실에서는 수술할 환자를 결정하고, 외래에서는 가장 많은 부정 출혈 환자들을 다룰 수 있게 되었습니다.

본격적으로 초음파를 가르칠 수 있는 상황이 되었는데, 코로나19의 발생으로 2020년 4월 한국으로 귀국해야 했습니다.

2021년 코로나19가 미얀마를 덮쳐 수많은 생명을 빼앗아 갔으며 몇 분의 한국 선교사님들도 돌아가셨습니다. 부산 국제선교회에서 파송한 김문수 목사님께서도 '코로나19로 위중하다'는 연락이 왔는데, 상태가 심각한 것 같아 의료용 긴급 항공기(Air Ambulance)로 모셔 오도록 권고해 다행히 늦지 않게 치료받을 수 있었다.

또한, 미얀마 현지인들을 위한 약품과 주사제를 나잉 선생을 통해 수차례에 걸쳐 전달함으로 멀리서나마 도움 줄 수 있었고, 법인에서도 코로나19로 발이 묶여 일하지 못해서 굶주리고 있는 분들에게 식량을 전달할 수 있도록 많은 배려를 해 주셨습니다.

미얀마로 다시 들어가 수년간을 좀 더 열심히 초음파를 가르쳐서, 환자 진단에 유익한 도움을 줄 수 있게 되기를 소망하고 있습니다. 또한, 계획했던 중앙여성병원 의사들을 돌아가면서 일신기독병원에 보내 수련을 받게 할 계획입니다. 많은 것을 보고 배우는 것이 환자를 잘 돌볼 수 있는 의사의 책임이라는 것을 알려주고 싶습니다.

그리고 앞으로는 양곤에서 출석하고 있는 미얀마연합교회와 연계해서 시골에서 이동클리닉(Mobile Clinic)을 운영할 계획입니다. 교회 내에서는 그동안 운영하고 있던 선교사나 교민들을 위한 클리닉을 운영해, 산부인과적인 도움 및 기타 질병 치료를 진행할 예정입니다.

의사로서 직접적으로 환자들을 돌보는 것도 중요하지만 지속적인 의료 환경의 발전을 위해서는 현지 의사들을 가르쳐 그들이 직접 환자들을 잘 돌보게 하는 것이 궁극적인 목표가 되어야 한다고 생각하고 있습니다.

그렇기에 더욱 가르칠 기회가 많아지길 기도하고 있습니다. 근로자병원에서는 기독교 모임을 후원했는데, 중앙여성병원에서도 기독교 모임을 잘 진행해서, 기독교에 대한 미얀마 사람들의 생각에 변화가 생기도록 노력하려고 합니다.

기도로 함께 해주시기를 부탁드립니다.

김정혜 선교사와 미얀마 의료진

미얀마 양곤 중앙여성병원

산부인과 진료

중앙여성병원 성탄 예배

아무것도 아닌 저를 부르시고 보내셨습니다!

김은정 선교사 (아시아 미얀마, Republic of the Union of Myanmar)

일신기독병원에서 2005년 3월부터 시작한 조산 교육은 생각보다 훨씬 더 힘들었습니다. 면허가 있는 간호사이지만 독립적이지 못하고, 3교대 근무를 하면서 정해진 시간에 강의와 실습을 병행해야 했기 때문에 체력적으로도 정신적으로도 힘들었습니다.

그나마 병원 근무 경험이 없었기 때문에, 오히려 경험 있는 동기들에 비해 쉽게 받아들일 수 있는 부분도 있었습니다.

선교사 소명을 깨닫고 나서 일신기독병원에서 일하며 교육받을 수 있다는 것이 자랑스러울 때도 있었습니다. 그 이유는, 일신기독병원 또한 호주 선교사님들에 의해 우리나라가 전쟁으로 인한 어려움 가운데 있던 시기에 시작되었기 때문입니다.

교육생 1년 동안은 다시 돌아가고 싶지 않을 만큼 피곤하고 힘들었지만, 일신에서 조산 교육을 받을 수 있었던 것은 큰 은혜였습니다.

또 기독병원이었기에 여러 믿음의 선배님들인 조산 간호사님들을 만나서, 꿈을 이야기하고, 응원과 기도를 받으며, 성장할 수 있었던 감사한 시간이었습니다. 106기 동기 중에 조산 교육 수료 후 단기로 선교지에서 사역하고 돌아온 동기들이 있어서 지금까지도 교제하며 서로 응원하고 기도하는 관계를 맺고 있습니다.

처음 간호대학에 입학했을 때, 큰 꿈이나 소명은 발견하지 못했습니다. IMF 시기에 대학을 진학했기 때문에, '취업이 잘되는 학과로 가야겠다'라고 생각했고, 언니가 의대생이었기 때문에 막연히 '간호학과로 가야겠다'라고 결정한 것 같습니다.

나름 지역의 우수한 고등학교를 졸업했기에, '서울로 대학을 갈 수 있을 것이다'라고 생각했지만, 뜻대로 되지 않았고 진주보건대학 간호학과로 결정하게 되었습니다.

대학 생활 초반에는 수백 번 학교를 그만두고, '서울로 대학을 다시 가야겠다'라고 생각했었는데, 언니를 통해 선교가 무엇인지 배우고, 또 여러 선교사님을 만나 선교사의 소명을 깨닫게 된 후부터는 학교 다니는 것이 힘들지 않았습니다.

유치원생 시절부터 교회 선교원을 다니며 신실한 외가 가족들 속에서 성장해 왔지만, 선교는 생소하고 나와는 관계없는 일이라 생각했었습니다.

하지만 선교사는 누구나 할 수 있고, 하나님께서 내가 간호사가 되게 하신 이유가 선교를 위함이라는 것을 깨닫고 난 후로는, 뒤돌아보지 않고 앞만 보고 나아가게 되었습니다.

조산 간호사 교육 수료를 앞둔 12월에 결혼했습니다. 그리고 곧바로 남편과 함께 예수전도단 훈련을 위해 호주로 가려고 준비했습니다.

저희 부부는 이슬람권 선교를 준비해 왔었습니다. 각자 선교사로의 부르심은 확실했지만, 결혼 후 부부로서 함께 훈련받고 가정의 기초를 먼저 하나님 안에서 세워나가고자 하는 마음에 2006년 3월 호주로 예수전도단 훈련을 받으러 가게 된 것입니다.

훈련을 잘 마치고 아제르바이잔으로 전문인 선교사로 나가려고 준비하던 중 남편이 하나님의 부르심으로 한국에서 신학대학원에 진학하게 되었습니다.

이후 생각했던 시간보다 긴 시간 한국에서 부교역자로 사역하게 되었습니다. 김해, 거제, 마산에서 8년이라는 시간 동안 한국 교회의 목회를 배우게 하셨고, 그 과정에서 하나님은 이슬람권 뿐만이 아니라 복음이 필요한 다른 문화권의 사람들을 만나게 하셨습니다.

마산에서 부교역자로 일하던 중 여름휴가를 보낼 때, 지인 목사님의 권유로 베트남과 미얀마를 방문하게 되었고, 2012년 미얀마 방문 이후 이곳에 복음이 간절히 필요하다는 마음을 주님께서 주셨습니다.

2년 동안 교회 사역을 더 한 후, 약 2년 정도 바울선교회 선교사 훈련과 총회세계선교부 선교사 훈련을 마친 후 2016년 미얀마에 오게 되었습니다.

처음 미얀마에 아이들과 도착했을 때의 기억이 아직도 생생합니다. 그때는 두려움과 걱정보다는 설레는 마음이 더 컸던 것 같습니다. 대학 1학년 때 받은 해외 선교사로서의 소명이 2016년에 드디어 이루어졌기 때문입니다.

이곳에 미리 집을 구해놓지도 않았고, 한국에서 살림살이는 컨테이너로 보내지도 않았기 때문에 정말 말 그대로 아이들의 고사리손으로 들고 온 캐리어와 전기압력밥솥, 그리고 몇 가지 생활용품들이 전부였습니다.

나흘 정도 다섯 식구가 조그만 호텔 방에 머물며 선임 선교사님의 도움을 받아 이곳저곳 집을 알아보고 살림살이들을 조금씩 준비하면서 미얀마에서의 삶이 시작되었습니다.

한낮의 더위가 35도를 웃도는 더위에 승강기 없는 5층의 15평 남짓한 집에 온 가족이 옹기종기 모여서 살았던 그때가 지금보다 더 행복했던 것 같습니다.

아직 6년이라는 시간밖에 안 되었지만, 이곳의 삶에 많이 익숙해졌습니다. 하지만 물론 가끔 지쳐가는 느낌이 들기도 합니다.

한국에서 직항으로 미얀마 양곤까지는 6시간 정도 걸립니다. 생각보다 그리 멀지는 않습니다. 마음만 먹으면 하루의 4분의 1이라는 시간 안에 고국을 오갈 수 있는 거리입니다. 그러나 우리 가족은 2019년 여름 두 달의 한국 방문 이후 한국에 나가는 것을 미루고 있습니다.

2020년 3월 미얀마에서도 코로나19 팬데믹의 영향으로 이곳에 사는 한국인들 뿐 아니라 미얀마인들 사이에서도 큰 두려움이 엄습했기 때문입니다. 전 세계에 사는 사람 중에 아무도, 한 번도 먼저 경험해보지 못한 전염병이었기 때문에 두려움이 더 컸던 것 같습니다.

가족들은 물론이고 주변의 선교사님들이나 한인들과 심지어 미얀마인 지인들까지 한국으로 잠시 귀국할 것을 권유해서 고민이 되었습니다.

왜냐하면, 2016년에 와서 3년 정도 언어를 배우고 문화를 배우고 적응해 가며 이제 사역을 본격적으로 시작하려고 준비하는 시점에서 코로나19가 시작되었기 때문이었습니다. 남편의 고민은 더 컸습니다. 그동안 하루 1회 인천과 양곤에 오가던 대한항공마저 운항을 중단하면서 사람들의 불안과 공포가 더 커졌던 것 같습니다.

저희 부부는 일단 상황을 지켜보면서, "더 안 좋아지면 그때는 귀국하자"라고 이야기하고 다시금 마음을 잡았습니다. 생각보다 미얀마 정부는 코로나19를 잘 극복해 나아갔고 저희 마음에 두려움도 사라졌습니다.

그러던 중 2021년 2월, 인생 처음으로 쿠데타를 경험하게 되었습니다. 하룻밤 자고 일어났더니 모든 인터넷과 전화가 차단되었고, TV에는 군인들에 관한 선전 영상만 나왔습니다.

2020년 11월 선거 직후 민주정권이 80퍼센트가 넘는 압도적인 지지율을 얻어 재집권하게 되었고, 미얀마가 다시금 발돋움할 그것으로 생각했습니다. 이 땅의 백성들이 하나님이 주신 자유를 지혜롭게 사용해서 복음을 전하는 자유, 듣는 자유도 오게 되는 날들을 기대했었습니다.

하지만 이러한 기대도 잠시, 군부 쿠데타로 뉴스에서만 보던 일들이 눈앞에서 일어났습니다. 처음 국민이 봉기했을 때는 군부에서 무력을 쓰지 않았고, 당시 미얀마 젊은이들은 누구라도 할 것 없이 크고 작은 시위에 참여하여 민주주의를 수호하려 했습니다. 지금도 당시 대학로에서 보았던 그 젊은이들의 간절한 눈빛을 잊을 수가 없습니다. 얼마 지나지 않아 군부는 무력으로 이들을 제압했고, 뉴스에서 발표한 숫자보다 훨씬 많은 사람이 죽고 체포됐습니다.

2015년 시작된 민주화는 고개를 들자마자 집권 2기를 시작하지도 못한 채 좌절되었습니다. 쿠데타 후 1년이 지난 지금 제가 사는 양곤은 군부 통치하에 온전히 적응되어 버린 모습입니다. 미얀마 국토가 넓어서 여전히 쿠데타 이전부터 있었던 소수민족들과의 갈등의 연장선상에서 반 쿠데타 운동도 진행되고 있지만 지지부진한 모습입니다.

작년 7~8월에는 미얀마에도 코로나19 델타 바이러스의 영향으로 많은 한인과 두 분의 선교사님이 돌아가셨습니다. 아주 젊은 동료 선교사님도 의료용 긴급 항공기 편으로 한국으로 가실 만큼 상황이 좋지 않았습니다.

코로나19와 쿠데타 이후 가장 무서운 시간이었습니다. 산소호흡기가 부족해 숨쉬기조차 힘든 분들이 넘쳐났고, 갈 수 있는 병원도 없었으며, 어떤 약을 써야 하는지도 몰랐습니다. 말 그대로 '패닉 상태'였고, '인간으로서 눈에 보이지 않는 바이러스가 이렇게 사람들을 공포로 몰아넣고 생명을 앗아가는데 우리가 할 수 있는 게 없다'라는 것을 절감했습니다.

그러면서 '하나님만이 전능하신 창조주이시다'라는 고백이 절로 나왔습니다. 이후 코로나19가 잠잠해졌다가 2022년 올해 2월 다시 한번 오미크론 유행이 시작되었지만, 델타 유행 때 경험했던 것을 토대로 한인들과 선교사님들과 미얀마 사람들도 큰 어려움 없이 지나가고 있기에 하나님께 감사한 마음 뿐입니다.

미얀마에 살면서 마음이 무너지는 시간이 있었는가 하면, 또 하나님께서 회복시켜 주시는 시간이 있으므로 조금씩 성장하면서 이 땅에서 살아갈 수 있었다고 생각합니다.

사역을 시작할 즈음 시작된 코로나19로 인해 아무것도 할 수 없을 것으로 생각했지만, 오히려 그때 방치된 아이들을 모아 '한국어 교실'을 시작할 수 있었으며, 돈벌이를 찾아 시골에서 양곤으로 온 한 가족을 중심으로 가정 교회를 시작할 수 있었습니다.

또한, 쿠데타로 일자리를 잃은 많은 사람에게 한국 교회들이 정성껏 보내 주신 헌금으로 쌀과 기름과 옷과 여러 물품을 제공하는 구제 사역들도 많이 할 수 있었습니다.

미얀마는 인구의 80퍼센트가 불교 신자들인 불교 국가입니다. 이들에게 호의를 베푸는 것은, 받는 이들이 고마워해야 할 일이 아니라, 주는 사람이 덕을 쌓는 일이라는 인식 때문에, 받고도 감사할 줄 모르는 이들이 아주 많습니다. 처음엔 이런 작은 일들에서 마음이 상하고 무너지곤 했습니다.

그러나 계속해서 이들에게 나누고 가르치고 무엇보다 고마움을 표현하는 것들을 보여 주면서, 이들도 조금씩 감사를 표현하는 것을 보면서 작은 것에서 큰 보람을 느끼고 있습니다.

어느 정도 자리 잡은 가정 교회와 한국어 교실 두 곳이 계속해서 안정적으로 진행되기를 소망하고 있습니다.

그리고 올해는 무엇보다 마음에 늘 소망해왔던 딸린따와마을에 선교센터를 마련하는 것이 큰 기도 제목입니다.

4년 동안 그곳의 땅을 밟으며 기도하던 곳인데, 이곳을 통해 젊은 이들과 아이들에게 꿈을 심어주고, 한국어 교육을 통해 기회를 열어주며, 지역 주민들에게 그리스도인의 선한 영향력을 흘려보내고자 합니다.

땅을 마련하고 건축해야 하는 모든 과정 가운데 하나님의 인도하심을 경험하길 기도하고 있습니다.

또한, 현지인 가정이 직장 기숙사에서 독립해 생활하며 예배드릴 수 있는 작은 교회를 건축하고 싶은 소망이 있습니다. 오랜 시간 준비하고 기도한 건축 관련 사역들이 올해에는 꼭 이루어지길 기도해주시면 고맙겠습니다.

그리고 하나님과의 친밀함을 간절히 붙들고 살아가는 선교사가 되도록, 올해는 따와마을 선교센터와 쉐파욱칸 가정 교회를 건축할 수 있도록, 가족 모두 주님께서 부르시는 날까지 건강하게 이 땅에서 사역할 수 있도록 기도 부탁드립니다.

의료 선교를 꿈꾸는 미래의 동역자들에게 전하고 싶은 이야기가 있습니다.

저는 세 아이의 엄마이자 목회자의 사모이고 조산 간호사이자 선교사입니다. 수식어가 참 많은 걸 보면 대단한 사람인 것 같다는 착각이 듭니다. 하지만 저는 아무것도 아닙니다. 저는 부족한 엄마이며, 경력도 아주 짧은 조산 간호사이고, 그다지 내조를 잘하지 못하는 사모이자 집안일을 더 많이 하는 선교사입니다.

하나님께서 이런 저를 미얀마 땅에 부르셨고, 보내셨고, 살게 하셨습니다. 우리 하나님이 얼마나 크고 위대하신 분인지 매일 경험하며 살고 있습니다.

아무것도 아닌 저의 삶에 이렇게 큰 은혜를 날마다 부어주시고 그 은혜로 매일을 살게 하시는 하나님께서 동일한 은혜로 여러분과 함께하고 계십니다.

여러분의 삶의 자리에서 주님의 은혜를 경험하고 날마다 감사하는 삶으로 하나님께 영광 돌리시기를 기도합니다. 그리고 그 기도 가운데 열방에 계신 많은 선교사님을 생각하는 마음도 넣어주시면 좋겠습니다.

힘든 세상이지만 하나님의 주권을 경험하는 세상에 살아가고 계신 여러분들을 미얀마에서 기도하며 응원합니다.

한글 교실

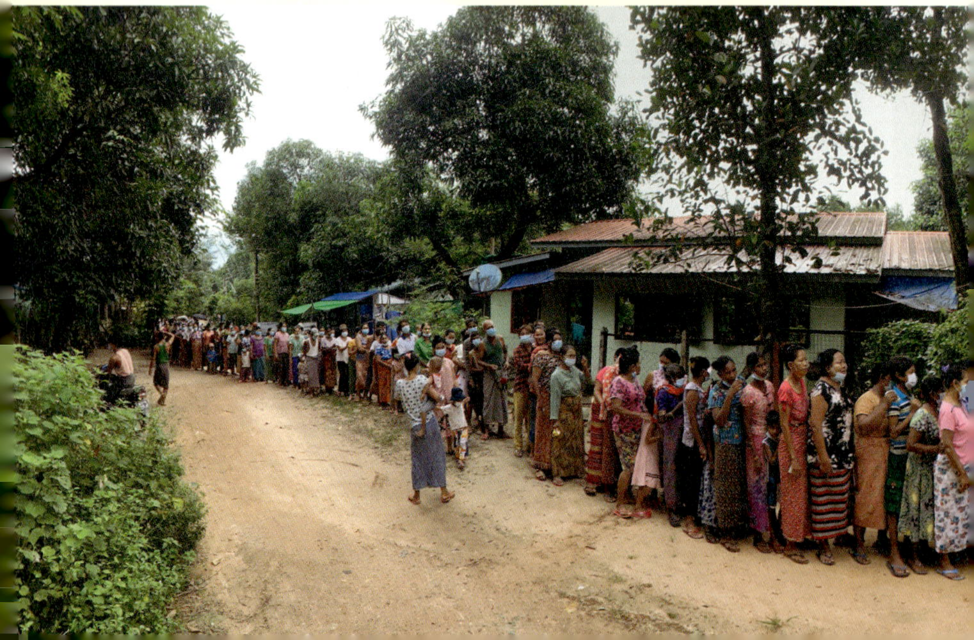

주일 예배

구제 사역

지경을 덮는 복음의 봄바람과 성령의 새바람

정성숙 선교사 (아시아 우즈베키스탄, Uzbekistan)

귀하신 예수님을 고등학교 시절에 만났습니다. 예수님께서 날 위해 죽으셨는데, 나는 무엇을 하며 살아야 할지 고민했고, 마침내 예수님을 위해 생명을 드리기로 마음먹고 기도하기 시작했습니다.

의료 선교를 하고 싶어 기독교대학 간호학과에 진학했고, 응급실 중환자실을 거쳐, 의료 선교의 준비 단계로 일신기독병원에 훈련생으로 들어갔습니다.

소박하고 짧은 한 걸음 한 걸음이었지만, 주님이 세밀하게 인도하셨습니다. 당시로서는 어렴풋하게 어려운 지역 의료 선교사라면 조산사가 되는 것이 꼭 필요할 것이라는 생각하고 있습니다.

일신기독병원에서 동기생들과 함께 기도하고, 함께 선교 비전을 나누며, 꿈을 키워가는 중에 인터콥에서 진행하는 선교 훈련을 할 수 있게 되었습니다. 동기생들은 선교를 준비하는 나를 위해서 근무를 바꿔주는 등 많은 도움을 주었습니다. 몇몇 친구들은 함께 훈련받았고, 함께 선교사의 꿈을 꾸었습니다.

11_지경을 덮는 복음의 봄바람과 성령의 새바람   119

일신기독병원 조산사 교육 수료식

특히, 6·25전쟁 당시 호주에서 오셔서 일신기독병원을 설립하신 선교사님들의 이야기가 큰 도전이 되었습니다. 그분들의 복음과 사랑의 물결이 저에게까지 밀려오는 듯했습니다.

선교 사역지로 우즈베키스탄을 선택한 이유가 있습니다. 예수님을 믿고 난 후 예수님을 모르면 지옥을 갈 수밖에 없다고 두려워하며 잠 못 이룬 날들이 있었습니다. 대학에서 단기 의료 선교로 우즈베키스탄에 다녀왔는데, 고열로 인해 아무것도 하지 못한 채 열흘 내내 누워 지내야 했습니다.

그러던 중 마지막 날 찬양집회에서 내가 찬양 가사를 띄우는 일을 맡았었는데, 찬양에서 예수님이 선포되자 집회장은 긴장이 감돌고 무엇인가 어려운 일이 생길 수 있다는 긴장감을 감지할 수 있었습니다. 가사가 없는 찬양은 괜찮지만, 가사가 있는 찬양을 부르는 것은 복음 전도에 속하기 때문에 감옥에 갈 수 있는 일이라는 것을 알게 되었습니다.

안타까운 마음으로 우즈베키스탄 국기를 하나 사서 품에 품고 돌아왔습니다. 돌아온 후 병원에서 일하는 동안 '다시 우즈베키스탄으로 가야겠다'는 비전을 주셨고, 인터콥(International Cooperation, 초교파 해외선교기관)에서도 일신기독병원 출신 다섯 명의 간호사를 우즈베키스탄으로 파송하기로 결정했습니다.

우즈베키스탄에 도착한 후의 초기 정착 과정이 수월하지는 않았습니다.

먼저, 언어 연수 과정을 밟기 위해 기숙사에 들어가게 되었는데, 바퀴벌레, 쥐, 벼룩 등과의 육체적인 전쟁이었습니다. 게다가 이슬람과의 영적 전쟁은 더욱 치열했습니다. 학교에 다녀오면 아이들이 우리 방을 열었던 흔적들이 있었고, 우리 방 앞에 이상한 부적을 붙여놓곤 했습니다.

현지 학생들처럼 버스를 타고 시장을 다녔습니다. 생활 적응은 어렵다고 생각하지 않았지만, 한국에서 경험하지 못했던 실제적인 영적 전쟁이 힘들었습니다.

하지만 돌아보면 오랫동안 우즈베키스탄에서 사역할 수 있도록 마련해 주신 주님의 특별한 훈련이었습니다. 힘들었던 순간도 있었습니다. 복음을 전하기도 힘들었고, 선교사임이 드러나 학교에서 추방당할 처지가 되거나, 몰래 복음을 전하다가 경찰에 신고당한 일들도 있었습니다.

섬기는 제자들까지도 경찰에 잡혀가 심문받아야 했습니다. 저보다 먼저 오셔서 우즈베키스탄 남서부에 있는 부하라 지역에서 평생을 바친 선교사님 부부는 추방당했습니다. 복음을 전할 수 없다는 절망적인 상황 속에서 무너져 내린 마음을 추슬러 주님께 가져가야 했습니다. 생각해 보면 가장 힘든 시간이었던 것 같습니다.

하지만 보람된 순간들도 있었습니다. 가장 힘든 순간들을 넘어 행복한 순간도 찾아왔습니다. 한 영혼 한 영혼에 대한 열정이 그때는 훨씬 더 뜨거웠던 것 같습니다. 제자의 친한 친구를 만나 복음을 전했을 때 복음을 받아드리며 눈물을 흘리는 영혼을 보는 것보다 더 큰 보람은 없었습니다.

믿는 이 없는 모래밭 도시 위에 예수님을 믿는 아이들이 하나씩 생길 때마다 주님의 기쁨을 저도 함께 느낄 수 있었습니다.

많은 소망과 희망을 품고 있습니다. 결혼한 후 아프가니스탄, 필리핀, 국내에서 사역했고, 지금은 일곱 아이의 엄마로 주님의 제자들을 키우고 있습니다.

남편의 사역도 저의 사역과 다르지 않습니다. 한 영혼을 두고 5년 이상 울던 우즈베키스탄에 80명 이상의 지도자들이 나타났고, 남편은 이들을 방문해 기도와 사역을 가르치는 일을 하고 있습니다.

복음의 봄을 기다리고 있지만, 여전히 힘든 상황입니다. 하지만 하나님은 쉬지 않으시고 복음의 봄바람과 성령의 새바람으로 우즈베키스탄의 온 지경을 덮으신 듯합니다.

무엇보다도 일신기독병원의 동료 선후배들에게 전하고 싶은 이야기가 있습니다.

일신에 흐르는 기름 부음이 있습니다. 국내외 복음의 열정이 있던 친구들이 전국에서 몰려왔던 것을 생생하게 기억합니다. 일신기독병원에서 함께 훈련받던 같은 기수 중 다섯 명이 함께 우즈베키스탄에 올 수 있었던 것이 증거입니다. 장기든, 단기든 하나님께서 허락하시는 기회를 따라 세계로 나가는 것은 의미가 있다고 믿습니다.

아프가니스탄은 초록이라고는 전혀 없는 황무지였지만, 제가 정착한 지 3년째 되던 해에, 모래바람 대신 봄바람이 불고 새싹들이 나는 것을 봤습니다.

저만의 느낌일지는 모르겠지만, 우리가 있는 이곳에 주님도 함께 계심을 느꼈습니다. 현재 탈레반의 집권으로 점점 더 어려움이 가중되는 땅이지만, 복음 전도자들의 노력은 계속되고 있습니다.

또한, 전쟁으로 인해 많은 이들이 어려움을 겪고 있는 우크라이나에도 도움을 절실합니다. 주님이 부르실 때 성령을 따라 발걸음을 크게 내딛고 주님의 장막을 크게 펼치시기를 기도합니다.

함께 기도해주시기를 부탁드립니다.

우크라이나의 전쟁이 종식되고 교회들이 깨어 일어나 나라를 살리도록, 우즈베키스탄과 카자흐스탄 교회들이 부흥하여 일어날 수 있도록, 더 많은 지역에 더 많은 영혼이 주님을 알고 주님께 돌아올 수 있도록 기도 부탁드립니다.

우즈베키스탄에 함께 갔던 일신기독병원 동문 선교사들과 함께

우즈베키스탄 의과대학 친구들과 함께

도우며 간호하는 자로 사는 삶

홍정실 선교사 (아시아 일본, Japan)

주님의 이름을 찬양합니다!

저는 일본 토야마라는 곳에서 작은 일본인 교회를 섬기며 사역하고 있습니다.

가족으로는 토야마 고이즈미쵸교회 담임목사로 섬기고 있는 민병준 선교사, 작년 에토야마고등학교를 졸업하고 올해 한국으로 대학 진학을 했고, 내년에 군대에 가게 될 아들 민정기, 토야마에서 태어나 토야마에서 자라 현재 토야마 지역 한 공립중학교에서 유일한 한국인이자 유일한 기독교인으로 살아가고 있는 딸 민슬기가 함께 섬기고 있습니다.

고신대학교 간호학과 89학번으로 93년 졸업하고 바로 일신기독병원으로 인도함을 받아 84기 조산전문수련 과정을 수료했습니다. 거의 30년 전의 일입니다. 일신에서의 시간을 되돌아보면 선교사로서의 손과 뜻이 더욱 단련되고 깊어지는 매우 값지고 귀한 시간이었던 것 같습니다.

당시 조산 전문 과정을 하는 병원이 국내 몇 곳 없었던 걸로 기억합니다. 그래서 줄곧 부산에서만 자라온 우물 안 개구리 같았던 저에게는, 여러 지역에서 조산 전문 과정을 밟기 위해 온 동료 선배 간호사들과의 만남은 귀한 축복이었습니다.

특히 선교사로서의 사명을 지니고 훈련을 위해 일신으로 인도함을 받은 분들이 많았기에 기독 간호사로서 원목실을 중심으로 함께 예배를 섬기고 비전을 나누며 함께 성장하는 기쁨을 누리는 시간이었습니다.

3교대를 해내며 계속되는 수업과 시험으로 힘든 시간을 보내면서도, 예배 반주를 섬기기 위해 졸린 눈을 비비며 병원 예배실을 향해 숨차게 뛰어다녔던 시간이 얼마나 축복된 시간이었는지 새삼 느끼게 됩니다.

특히, 한국 선교 역사와 일신기독병원의 역사를 함께 공부하면시, '복음의 빚진 자'라는 생각을 더욱더 강하게 품게 되었습니다.

한국전쟁 시기 고난 가운데 처한 한국의 여성과 어린이를 위해 일신기독병원을 설립하시고 헌신하신 맥켄지 자매 선교사님의 삶을 기억하며 그 정신을 이어 이제 우리를 다시 주님의 도움으로 열방으로 나가게 하시는 하나님 나라의 큰 그림을 보며 가슴이 벅차올랐던 기억이 새롭습니다.

제가 선교사의 희망을 품고 조산 전문 간호사가 되기 위해 일신을 찾게 된 것은 한 장의 사진 때문이었습니다.

모태신앙으로 자라 중학교 시절 주님을 인격적으로 만난 후 선교사가 되고 싶다는 막연한 꿈을 품으며 간호대학에 진학했고 간호학을 통해 인간의 삶에 대해 더욱 깊이 알아가며 선교사로서 준비되기 위해 여러 선교 단체의 훈련을 경험하고자 노력하며 대학 시절을 보냈습니다.

구체적 진로를 결정해야 할 대학 4학년 시절 한 선교 단체에서 받은 달력에 한 여선교사님께서 갓 태어난 아기를 하얀 천과 풀잎에 받아 안고 산모인 원주민 여성과 생명의 탄생을 기뻐하는 사진을 보게 되었고, 이에 따라 선교지의 가장 연약한 자들인 여성과 아이를 돕는 선교사의 삶을 동경하게 되었습니다.

모성 간호학 교수님과 상담 후 망설임 없이 일신기독병원의 조산 전문 과정에 지원하게 되었습니다.

> 이 일 후에 내가 보니 각 나라와 족속과 백성과 방언에서 아무라도 능히 셀 수 없는 큰 무리가 흰옷을 입고 손에 종려 가지를 들고 보좌 앞과 어린양 앞에 서서 큰 소리로 외쳐 가로되 구원하심이 보좌에 앉으신 우리 하나님과 어린양에게 있도다 하니(계 7:9-10).

> 내게 구하라 내가 열방을 유업으로 주리니 제 소유가 땅 끝까지 이르리로다 (시 2:8).

일신기독병원에서의 훈련을 마친 후, "선교 단체에 속해 여러 훈련과 장단기 선교에 참여하며 제 유업의 땅을 발견하고, 마지막 날에 내 삶을 통해 주께 돌아와 찬양의 무리에 함께 서게 될 한 나라와 족속과 민족과 방언을 보여 달라"고 말씀을 붙들고 기도하기 시작했습니다.

홍정실 선교사 가족

7년 정도의 장단기 선교 활동과 국내 리서치팀사역 등을 통해 온 열방 가운데 역사하시는 주님의 열심과 주님의 종들의 삶을 보며 '주님 나라는 우리의 기술과 능력이 아닌 철저히 헌신과 예배를 통해 확장되어 간다'라는 것을 알게 되었습니다.

또한, 주님은 나의 헌신이 없어도 열방의 주인이 되시기에 충분하시며, 오히려 선교 사역에 나를 부르심은 나를 빚어 가시고 진정한 예배자로 세워나가시기 위함임을 철저히 가르쳐 주셨습니다.

그래서 대학 때부터 선교를 위한 준비라고 내세우며 얻게 된 간호사와 조산사라는 자격증도 내려놓게 하시고 내 삶을 통해 마지막 날에 한 종족을 주께 세우리라는 거창한 비전도 내려놓게 되었습니다.

이렇게 "네 신을 벗으라"는 모세가 만난 하나님의 거룩한 음성을 듣고 마음을 낮추고 있을 때 지금의 남편을 만나 일본으로 오게 되었고 현재까지 20년째 일본에서 섬기고 있습니다.

'온 열방을 주께 돌려드리겠다'라는 나의 거창한 비전에 비해, '주께 생명 바쳐 헌신할 한 영혼과 한 제자를 세우는데 삶을 드리겠다'라는 남편의 비전은 너무나 작아 보였습니다. 하지만 그 안에 담긴 보다 큰 하나님 나라의 비밀과 깊은 헌신을 보게 되었습니다.

선교 단체의 선교전략팀에서 사역하며 선교를 전략적으로 바라보며 나아가고자 했던 나의 선교에 대한 패러다임은, 한 영혼의 작은 필요를 채우며 많은 시간을 기도하고 기다리는 인내가 필요한 일본 선교의 사역 현장에서 조금씩 바뀌게 되었습니다.

지금 우리 가족이 사역하고 있는 토야마(Toyama Prefecture)는 한국의 강원도와 같은 지역입니다.

16년 전 우리 가족이 사역지를 결정할 당시, 신자 한 명이 감당해야 할 불신자의 비율이 일본 내에서 가장 높은 곳이라는 통계가 있었고, 한국인이나 교회를 만나 보기가 쉽지 않을 뿐더러, 외국인이나 타지 사람들을 "타비비토"(여행객)로 여기는 풍습 때문에, 받아들여지기까지 특별히 오랜 시간이 걸리는 지역이었습니다.

처음 일본에서 사역했던 동경과는 완전 다른 세상이었습니다. 오랫동안 품었던 서남아시아의 무슬림들을 뒤로하고 일본에 와서 수년간 사역하면서도 보지 못했던, 일본 백성들의 영적 빈곤함과 척박함을 이곳 토야마에서 비로소 보기 시작했던 것 같습니다. 안정되고 평온한 삶인 것 같지만, 생명과 성장이 없는 이 땅 백성들의 삶 안에 있

토야마 고이즈미쵸교회 교인들

는 빈곤함과 어두움을 보기 시작하면서, 모든 결박을 끊고 빛과 자유로 인도하는 그 복음을 참으로 누리지 못하는 그들을 향한 아버지의 긍휼을 느끼게 되었습니다.

동경에서는 남편이 일본인 교회의 부목사로서 사역하면서, 성지회 병원의 원목 사역도 도왔습니다. 이에 따라 암 선고받은 말기 환자들의 예배와 병상 침례를 보면서, 부분적으로 간호사로서 또 선교사로서 영육을 돌보는 사역을 함께 할 수 있었습니다.

하지만 토야마는 아주 달랐습니다. 작은 시골 교회의 사모로서 또 시골 마을의 한 주민으로서 함께 살아가고, 언젠가 떠날 여행자나 선교사가 아니라 이웃으로 받아들여지기를 기다리며, 묵묵히 사랑을 베풀며 예배자로서 살아가는 길이 최선이었습니다.

특히, 마을의 유일한 한국인이자 기독교인으로 불신앙적인 부분들은 정중하지만, 단호히 거절했습니다. 하지만 예배와 겹치지 않는 마을 행사에는 적극적으로 참여하며 협력했습니다.

마을에 교회가 있는 것을 이곳 고이즈미 마을 사람들이 자랑스러워할 수 있도록 교회 문을 열고 여러 가지 모양으로 주민들을 섬기고, 두 아이를 키우는 부모로서 때로는 배우는 자로서 도움과 협력을 요청하기도 하며, 먼저 좋은 이웃이 되고자 노력하는 것이 중요했습니다.

일본은 시골일수록 모든 생활의 중심이 마을의 신사를 중심으로 이루어집니다.

특히 토야마는 '타테야마'라는 산맥을 중심으로 토착 신앙도 깊이 뿌리내리고 있어서 어렵게 교회에 출석하고 있는 성도들이라 할지라도 삶의 우상적 요소들을 과감히 끊어내지 못하고, 변화를 두려워하며, 복음을 들은 자로서의 참 자유와 기쁨을 모른 채 살아가고 있었습니다.

게다가 사회적, 경제적으로 약자들이 많은 일본 교회의 특성상 육체적, 정신적 장애가 있는 성도들이 대부분이었습니다.

우상숭배, 불신앙, 질병, 장애, 빈곤, 범죄, 중독, 갈등 등 이들의 삶 안에 있는 여러 문제가 너무 크고 복잡해 사역에 걸림돌이 무겁게 놓였을 때도 사정, 진단, 계획, 수행, 평가라는 5단계의 간호과정(Nursing Process)을 한 단계 한 단계 기도로 주님과 함께 펼쳐나가는 가운데 함께 주의 일하심을 보며 앞으로 나아갈 수 있었습니다.

때로 좌절하고 조급해지기도 했지만, 주님의 때를 기다리며 꾸준히 말씀을 심으며 함께 하나님을 알아갔습니다. 마침내 서서히 어둠과 묶음을 풀고, 복음 앞에 담대히 서가는 성도들의 변화와 헌신을 보게 하셔서, 이제까지 이곳에서 사역을 지속할 수 있었던 것 같습니다.

"Nursing is a Helping!"
대학 1학년 때 제가 배운 간호의 정의입니다.

역사적, 정치적, 문화적, 신앙적으로 여러 복음의 걸림돌을 가지고 있어 선교사의 무덤이라고도 불리는 일본 땅에서, 타테야마 산맥에 둘러싸여 갇혀있는 토야마, 이 척박한 땅에서 다시 한 번 산을 향하여 눈을 들고 나의 삶을 도우시는 주님을 바라봅니다.

주님은 언제나 나를 위해 최상으로 간호해 주셨습니다. 저 역시도 마을과 교회를 통해 만나게 하신 모든 사람이, 그들의 삶과 믿음 앞에 놓인 무수한 난관들을 이겨낼 수 있도록, 항상 곁에서 돕는 자로, 간호하는 자로 서고 싶습니다.

그리고 마침내 그들을 온전한 도움 되시는 주님께 닿게 하는 자로, 가장 강하고 안전한 산성 되시는 주님을 향해 달려갈 수 있도록 돕는 자로 세워지기를 소망합니다.

일본 땅 안에 부흥의 날을 허락하실 주님을 찬양합니다!

하나님의 은사와 부르심에는 후회하심이 없느니라(롬 11:29).

눈 덮힌 고이즈미쵸교회 전경

일본 후쿠오카(福岡), 복의 언덕에서

황호정 선교사 (아시아 일본, Japan)

독실한 불교 가정의 둘째 딸로 태어났습니다.

고등학교 3학년 10월 말에 친구를 따라 토요 찬양집회에 참석했는데, "나를 창조하시고 있는 그대로의 나로 충분하고 사랑한다"라고 하시는 하나님을 만나 그 자리에서 예수님을 영접하고, 다음날 주일부터 제 발로 적극적으로 교회를 다니게 되었습니다.

하나님이 좋아서, 하나님에 대해 알고 싶어서 성경 공부와 기도를 적극적으로 배웠고, 그대로 믿음으로 흡수할 수 있었습니다. 대학을 다니면서 좋은 믿음의 선배들과 교제했고, 믿음은 더욱더 자라게 되었습니다. 우리 하나님은 알면 알수록 어찌 그리 좋은 분이신지요!

대학교를 졸업하고 진로를 생각할 때 많은 친구가 서울의 큰 병원으로 진로를 정했습니다.

저는 3~4학년 때 실습하면서 분만실과 생명 탄생의 순간이 너무 좋고 기뻐서였는지, 유독 산부인과를 실습할 때 의사와 간호사 선생님들, 그리고 환자들로부터 칭찬을 많이 받았습니다.

또한, 의료 선교 훈련을 받은 후, 선교를 생각하며 기도하고 있던 터라, 조산사로 독립적인 선교 사역을 할 수 있는 것도 매력적이었습니다. 그래서 마음의 망설임 없이 졸업할 때쯤부터 일신기독병원 조산사 훈련을 받기를 기도하며 준비하였습니다.

일신기독병원에서의 조산사 훈련의 시간은 행복했습니다. 좋은 선배님들과 동료들과 좋아하는 분야에 대해 더 알아갈 수 있는 시간이었고, 미래의 비전을 위해 준비할 수 있는 시간이었습니다. 공부할수록, 그리고 분만을 도울수록 우리의 삶이 경이롭고 창조주 하나님이 점점 더 좋았습니다.

간호사 중에서도 전공을 하게 된다는 것도 특별하게 느껴졌습니다. '부모보다 아기를 가장 먼저 본다'라는 것도 신기했고, 이에 따른 조산사의 특권(제일 먼저 얼굴을 보고 축복해 줄 수 있는)을 누리며 생명의 소중함과 가정에 대해 여러 생각도 하게 되었습니다.

선교사님들이 믿음 안에서 세우신 일신기독병원에서 원목 목사님과 믿음의 선배들과의 교류하며, 병원 내에서 예배드리고 찬양과 기도로 입원 환자들과 가족분들을 섬기는 것도 큰 축복이었습니다.

조산사 훈련 기간을 마치고 정식 조산사가 되어 분만실에서 일하게 되었고 1년이 되었을 때 대학교 모교에서 홈커밍 데이(Homecoming Day)가 있었습니다. 원래는 연차 선배님이 참석할 예정이었는데 사정이 생겨 제가 대신 참석하게 되었습니다.

그곳에서 예수전도단의 파송을 받아 방글라데시 치타공에서 사역하시는 정익모 선교사님이 현지에서 의료 선교사를 간절히 기다리고 계신다는 소식을 들었습니다.

기도하던 중에 이렇게 서원하게 되었습니다.

"주님!
아무도 갈 사람이 없고 저 같은 사람도 괜찮다면 저를 보내 주세요!"

기도하면 할수록 이 기도는 제가 한 것이 아니요, 성령님께서 하도록 만드신 기도라는 것이 깨달아졌습니다.

그뿐만 아니라, 확증을 위해 기드온의 양털 기도처럼 여섯 가지 구체적인 기도 제목으로 기도할 때 전혀 일어나지 않을 것 같았던 일들이 이루어지면서 여섯 가지의 기도가 정확히 응답하여 의심의 여지 없이 병원을 퇴사하고 퇴직금을 가지고 방글라데시로 향하게 되었습니다.

3년간 시골에서 클리닉을 오픈해 가난한 사람들을 치료하며 예수 전도단 방글라데시 지체들의 분만도 도왔습니다. 팀사역으로 부족 전도를 할 때는, 선발 의료팀으로 참가해 섬겼습니다.

방글라데시에서 청년의 때에 3년 동안 많은 영혼을 섬기며, 제가 하나님께 기도했던 것보다 하나님의 역사하심을 더 많이 경험했습니다.

이슬람 국가인 방글라데시는 복음 전도가 어렵고, 많은 지혜가 필요하고, 목숨을 걸고 사역하는 곳이었습니다.

5년 전부터 여러 선교사님이 팀사역으로 기도와 복음을 전한 부족이 있었는데, 제가 섬기러 갔을 때 부족 전체가 예수님을 영접하고 교회가 세워지는 은혜를 경험했습니다. 기도할 때 방언이 터지고, 기

방글라데시 진료소에서 출산한 가족과 함께

도할 때 굽었던 등이 펴지고, 병자가 낫는 일도 많았습니다.

열악한 현지인들의 모습에 함께 기도하며 하나님의 임재와 구원을 간구하는 3년이었습니다.

3년의 방글라데시 단기 선교를 마치고 서른 살이 되었을 때 한국으로 일단 귀국했습니다. 인생의 선교 2기는 결혼하고 장기로 헌신하기를 소망했기 때문입니다.

귀국한 후, 아직 믿음이 없는 부모님의 눈에 비치는 제 모습이 혹시라도 "하나님의 이름이 욕되게 될까 봐" 많이 기도했습니다. 왜냐하면, 한국으로 돌아올 때 저는 세상 사람이 보기에는 '나이 서른에, 직장도 없고, 퇴직금을 방글라데시에서 다 쓰느라 돈도 없는' 너무나도 막연한 상황이었기 때문입니다.

그러나 하나님께서는 그분의 이름이 욕되게 되지 않기를 기도하는 저의 기도를 들으셨고, 곧바로 어느 종합병원 분만실에 취직시켜 주셨습니다.

그 병원에서 어떻게 알게 되었는지, "선교사였던 자매가 왔다"는 소문을 듣게 되었고, 저는 부끄러워 숨고 싶었고, 정말 아무것도 하지 않고 근무만 했는데, 각개 전투하던 믿음의 사람들이 모이기 시작해서 신우회가 결성되었습니다. 할렐루야!

그리고 저는 신학생인 형제를 만나 결혼하게 되었습니다. 남편은 청년 시절에 한국대학생선교회(CCC)를 통해 일본에서 7년간 일본 교회와 영혼들을 섬겼고, 일본에서 신학 공부를 시작한 후, 한국의 신학대학원을 연이어 다니고 있었습니다.

남편도 저도 이미 선교에 헌신한 사람들이어서 결혼 후에 나라를 정하지 않고 "하나님께서 인도하시는 곳으로 선교하러 나가자"고 얘기하며 기도하였습니다. 그리고 선교 훈련을 받는 중에 자연스럽게 남편이 사역하던 일본으로 선교사 파송을 받아 오게 되었습니다.

2007년 2월에 고신 세계선교위원회의 파송 선교사로 파송을 받아 일본 후쿠오카에 왔습니다. 3년간 일본 교회를 협력하여 섬기다가, 2010년에 집에서 가정 교회로 예배를 드리기 시작했습니다.

그리고 2011년 11월에 후쿠오카의 하코마츠란 곳에 건물을 임대하여 후쿠오카비전교회를 개척하였습니다. 지금은 교회를 조금 더 넓은 곳으로 이전하여 후쿠오카의 중심지인 하카타역 근처에 건물을 임대해 후쿠오카비전처치로 교회 이름을 변경했습니다.

일본에서는 교회의 뜻이 '가르치는 모임'이란 뜻으로, 불교나 이단들도 교회라는 명칭을 쓰고 있기 때문이었습니다. 우리 교회 근처에도 금광교교회(불교)가 있습니다. 처치는 누구든지 예수를 믿는 기독교의 교회로 알 수 있어서 후쿠오카비전처치로 이름을 바꾸었던 것입니다.

일본에서의 첫 3년 동안 언어를 배우고 문화에 적응하는 시간을 가졌습니다. 일본 친구들을 사귀고 집으로 초대해 함께 예배를 드리기도 했습니다.

한국과 지리적으로는 가깝지만, 정서가 정말 많이 다르다는 것을 느꼈습니다. 금방 친해지지 않고 오래 관찰하고, 친해져도 어느 정도의 예의의 벽을 두고 관계하는 부분이나, 존경어가 한국보다 세부적이고 다른 것도 생소했습니다. 선뜻 다른 사람을 도와주면 오해받는 문화가 있다는 것도 알게 되었습니다. 두 어린아이의 엄마로, 그리고 세 번째 아이를 임신할 상태에서 일본어를 배우는 것도 쉽지 않았습니다.

처음에는 예수님이 성육신하여 인간의 몸으로 오신 것처럼, 일본 선교사이니 일본인처럼 말하고 행동하고, 일본인과 같이 되게 해주시라고 기도하며 언어를 배웠습니다. 그러나 일본인과 동일하게 되려는 노력은 오히려 완전히 그들과 같지 못한 어정쩡한 모습으로 나타나 서로에게 어려움만 초래했습니다.

오히려 '한국인 선교사'로서의 모습으로, '천국 시민'으로서의 모습으로 생활하고 다가가며 호의를 베풀면서 친해질 수 있었고, 그렇게 할 때 저도 스트레스를 받지 않게 됨을 깨닫게 되면서 자유로움을 느낄 수 있었습니다. 이를 통해 하나님의 사랑과 말씀과 은혜로 무장하고 다가가고 섬기는 것이 제일 좋은 선교 전략이라는 것을 깊이 깨닫는 시간이었습니다.

2011년 하코마츠에서 교회 건물을 임대하고 개척했을 때, 공사비를 줄이기 위해 목수의 직업을 지녔던 현지인 전도사님과 저희 부부 셋이서 공사를 진행했습니다. 공사비는 25퍼센트로 줄였지만, 공사 기간이 6개월 정도 걸렸습니다. 공사비가 없어 기도할 때, 한국의 한 목사님이 "새벽기도 때마다 저희 기도 편지 내용과 사진이 떠오른다"라며 공사비 전액을 속하신 단체를 통해 보내 주셨습니다.

그런데 공사가 끝나갈 때쯤 부동산에서 공사를 방해하고 "계약서를 다시 쓰자"며 억지를 부리기도 했습니다. 저희에게 두려움을 주기 위해 법률 전문가를 대동했고, 한 달 정도 저희를 힘들게 했습니다.

"주거 지역이므로 교회 간판에 '교회'라는 이름이나 '크리스천'이라는 단어를 표시해서도 안 되고, 십자가 모양을 설치해서도 안 되고, 전도도 안 되고, 시끄럽게 하여 신고가 들어오면 전적으로 책임을 져야 한다는 등의 내용을 계약서에 더 적어 넣자"라는 것이었습니다.

이것은 교회의 기능을 못 하게 하는 내용이었고, "주변 신고가 들어왔다"라고 거짓을 말하며 저희를 쫓아낼 수도 있는 내용이었습니다. 당시는 한국에서 보내 주신 헌금으로 진행된 공사가 거의 끝날 무렵이었기 때문에 속상하고, 걱정도 되고, 겁도 났습니다.

한 달여의 괴롭힘이 끝나갈 즈음, 계속되는 기도 속에 하나님께서 담대함을 주셨습니다. 하나님의 뜻이 아니라면, 헌금을 건물 공사하는 데 사용하고 귀국하게 되었다고, 후원해 주신 교회들에 말씀드리자고 마음먹었습니다. 이에 따라 처리 받는 것도 각오했습니다.

"끝까지 하나님의 인도하심을 믿자"라고 남편과 이야기한 후, 부동산 관계자들에게 겸손하나 담대하게 선교사로서의 저희의 정체성과 자세에 관하여 이야기했습니다.

그런데 놀랍게도 그때 하나님께서 상황을 역전시켜 주셨고, 저희를 협박하려고 대동했던 법률 상담가가 역으로 저희를 신뢰해 주면서, 자신이 우리에 대한 책임을 지겠다고까지 말해주었습니다. 그래서 원래의 계약서 그대로 그곳을 교회 장소로 임대해 쓸 수 있게 되었습니다.

이 일을 통해 하나님께서 저희를 통해 '이곳에 정말 교회를 개척하기를 원하고 계신다'라는 것을 확신할 수 있었고, 그 뒤로도 여러 가지 어려움이 있었지만, 시작할 때의 이 고난과 경험을 기억하며 흔들리지 않고, 지금까지 그저 감사함으로 사역하고 있습니다.

모든 영적 전쟁 가운데 어떤 어려움에 대해서도 하나님은 이미 승리하셨고, 그 속에서 우리의 믿음의 고백을 듣기를 원하시며, 합력해 선을 이루시는 하나님을 믿습니다. 할렐루야!

지금도 매 순간 하나님의 지혜를 구하며 사역하고 있습니다. 가장 보람 있는 순간은 역시 영혼이 전도되고, 구원받고, 묶임에서 풀려나 자유로움을 얻으며, 믿음이 자라는 것을 보는 순간들입니다.

일본에는 기독교에 대한 이해도가 낮습니다. 많은 우상이 있고, 신사와 불교, 그리고 조상에 대한 토착 신앙이 뿌리 깊은 곳입니다. 기독교 선교사라고 말해주어도 "그게 뭘 하는 직업인가요?"라면서 되묻는 반응이 있는 곳입니다. 그런데도 하나님의 도움으로 만나야 할 영혼을 만났고, 이들이 교회로 찾아왔습니다.

교회와 세상 사이에서 갈등과 혼란을 겪는 영혼들이 많지만, 예수 영접 기도를 하고, 말씀을 배우고, 하나님의 말씀이 들어가 세례를 받고, 예수님의 제자로 살아가기를 결심하며, 믿음의 결단과 고백을 하는 것을 보는 것은 매번 영광스럽고 감사한 순간입니다.

하나님의 말씀이 지식이 아니라, 살아가는 삶 그 자체임을 멈추지 않고 가르치고 있습니다. 하나님의 말씀을 먹고 매 순간 기도하며 하나님과 동행하는 훈련을 저도 하고 있고, 교회 지체들도 그렇게 예수님의 제자로 세워지길 소망하며, 주님께서 허락하시는 훈련을 받고 있습니다.

3년 전 세상이 코로나19 팬데믹으로 힘들어 할 때, 저희 사역도 쉽지 않았지만, 일본에 영주권을 신청했었습니다. 모든 이들이 영주권을 받기 어려운 시기라고 부정적으로 이야기하던 때였고, 나오다 한 들 한 번에는 영주권이 나오기 쉽지 않다고 했지만, 하나님께서 바로 영주권이 나오게 해주시는 기쁨과 은혜도 허락하셨습니다.

'하나님이 더 힘내라'라고 격려해 주시는 선물로 알고 다시 힘을 냈습니다. 비록 코로나19의 시기였지만 저희 부부와 교회는 더욱 기도와 말씀을 붙들고 굳건히 세워져 가는 은혜를 누릴 수 있었습니다.

오히려 이 시기에 우리 교회는 교회를 확장해 후쿠오카의 중심지로 이전할 수 있었고, 나를 위한 기도로부터 열방을 위해 기도하는 교회로, 중보기도단이 세워지는 교회로 영적 성장을 이루었습니다.

그러나 언제나 가장 힘든 순간은 많은 시간을 들여 사랑하고 섬겼던 지체들이 교회를 떠나가는 순간입니다. 제가 전도했고, 세례 받도록 인도하고, 수년간 사랑으로 섬겼으며, 믿음으로 잘 따라오던 자매가 한순간의 오해로 저를 비난하며 교회를 떠났던 일도 있었습니다.

이런 비슷한 일들을 긴 시간에 몇 번 걸쳐 겪으니 더 이상 영혼을 사랑할 마음과 힘이 없어지더군요. 그때마다 느낀 배신감과 허탈함을 다시 겪어낼 자신이 없어 많이 울었습니다. 선교사로서의 위기도 그 순간 느꼈습니다.

더 이상 영혼을 사랑하지 못하는 사람이 어떻게 복음을 전할 수 있고, 하나님의 사랑과 은혜를 전할 수 있겠습니까?

그때는 기도할 수밖에 없었습니다.

다시 영혼을 사랑하게 해주세요!
다시 힘을 내어 하나님을 기대하며 복음을 전하고 사랑으로 섬길 수 있게 해주세요!

감사하게도 이렇게 기도하는 동안 어느새 하나님께서 은혜를 부어주셨고, 주님이 주신 마음으로 다시 이곳에 있는 분들을 사랑하며 복음을 전하는 제 모습으로 돌아오게 되었습니다.

일본 선교사로서 지금까지 15년 동안 몇 차례 이런 위기가 있었습니다.

일본은 영적인 싸움이 심한 곳입니다. 한번은 아무 일도 없었는데 5층에 있는 집에서 뛰어내리고 싶은 충동을 느낀 적도 있습니다. 예수 그리스도의 이름으로 사탄을 대적

첫 사역지였던 방글라데시의 진료소에서

하는 기도를 하고 나서야 진정할 수 있었습니다. 이 일로 인해 이 땅이 영적 전쟁이 심한 곳임을 깨닫고 더 긴장하며 기도하는 계기가 되었습니다.

육체적으로 약해지기도 했습니다. 한번은 눈이 갑자기 나빠졌습니다. 안과에서 여러 검사를 받았지만, 원인 불명이어서 의사가 "스트레스성일지 모른다"라고 진단했습니다.

바울이 육체의 가시를 지니고 지낸 것처럼 "나는 이곳에서 별로 한 일이 없는데 내 몸은 힘들었나 보다"라고 영광스럽게 여기며, 회복을 위한 기도보다는 감사의 기도를 더 많이 했더니, 몇 개월 뒤 시력이 회복되었습니다.

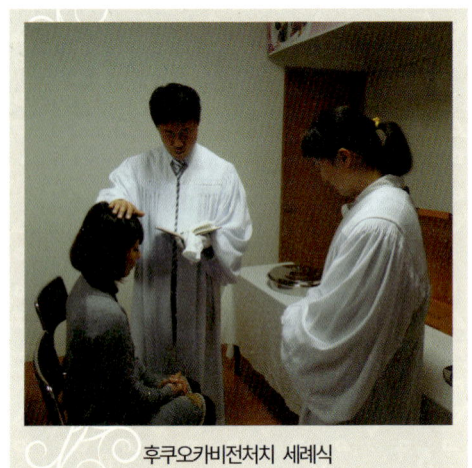
후쿠오카비전처치 세례식

얼마 안 되어 이번에는 오른쪽 귀가 잘 안 들렸습니다. 전에 눈이 안 보였던 경험을 한 일이 있기에 불편할 때마다 오히려 감사의 기도를 드렸습니다. 그랬더니, 동일하게 몇 개월이 지나 청력도 회복이 되었습니다.

이후로는 한 번 약해졌던 곳이라 육체가 힘들 때는 눈도 귀도 제 기능을 못 할 때가 있는데, '잠시 쉬라'는 뜻으로 받아들이고 조절하고 있습니다.

일본의 후쿠오카로 온 지 15년이 되었습니다. 후쿠오카에서 목회자인 남편과 교회를 개척한 지는 12년이 넘었습니다. 하나님께서 저희를 옮기시기 전까지는 영혼 구원과 제자 양육에 계속해서 힘을 쏟으려고 합니다. 남편은 교회 사역과 캠퍼스 사역에 집중해 섬기고 있고, 저는 교회 사역과 커피브레이크 성경 공부 사역으로 섬기고 있습니다.

일본은 '하나님께서 머물도록 하신 곳'이라고 고백합니다. 허락된 지경에서 만족하고 감사하며 충성스럽게 한 영혼 한 영혼을 섬겼을 때, "착하고 충성된 종아, 네가 작은 것에 충성하였도다"라고 말씀하시는 하나님의 음성을 듣기를 소망합니다.

후쿠오카비전처치 주일예배

"오직 여호와를 기뻐하는 것이 내 힘이 됩니다"리고 고백하며, 서에게 주신 십자가를 기쁘게 지고 천국을 소망하며 걸어가기를 기도할 뿐입니다.

저희 부부가 영적으로, 육체적으로 건강할 수 있도록 기도해 주시기 바랍니다.

다음 세대가 양육되고, 각 세대 간의 소통이 있는 교회가 되도록, 그리고 자녀들이 믿음 안에서 그리스도의 제자로 잘 자라고, 예수 그리스도의 복음의 능력이 드러나는 교회가 되도록, 또한 하나님 사랑과 이웃 사랑이 나타나는 교회가 되도록 기도 부탁드립니다.

부족한 저희 가정을 위해 기억날 때마다 기도해 주시길 일신기독병원의 선후배님들과 성도님들께 요청합니다.

현재 제가 있는 이곳, 일본이 하나님께서 보내신 곳임을 알고, 충성스럽게 모든 일과 모든 사람에게 주님께 하듯 섬길 때, '하나님께서 저희의 앞길을 인도해 주실 것이다'라고 믿고 있습니다.

저를 부르시고 인도하신 하나님께서, 귀한 성도님들과 선교를 꿈꾸는 분들의 삶을 간섭하시고 인도하시는 큰 은혜를 내려주시기를 축복하며 기도합니다.

하나님을 춤추게 하고 우리를 행복하게 하는 선교

신병연 선교사 (아시아 태국, Thailand)

    1988년부터 35년 동안 태국에서 사역하고 있습니다. 일신부인병원이 조산사 훈련 분야에서는 최고라는 것을 알게 된 후, 기왕이면 잘하는 곳에서 훈련받아야 한다는 생각에 일신부인병원을 선택했습니다.
    1982년 3월부터 57기 조산원 훈련생으로 밤낮없이 열심히 훈련받았습니다. 선교사로 나가기 위한 필수 과정이라는 마음가짐으로 훈련에 임했기에, 병원 생활이 힘들어도 보람이 있었습니다.
    처음에는 일신기독병원이 선교사들에 의해서 세워진 곳인지를 몰랐습니다. 그런데 이곳에 오니 아침마다 병원에서 찬양이 울려 퍼지고, 주간에는 예배도 드릴 수 있어서 너무 좋았습니다.
    병원에 전도사님이 계셔서 훈련생들이 많은 위로를 받을 수 있었고, 특별히 훈련 기간 동안 병원 설립 30주년 행사를 위해 찬양을 연습하며 기도로 준비했던 아름다운 추억도 간직하고 있습니다.

간호대학에 원해서 들어간 것은 아니었습니다. 아버지에 의해 반강제적으로 입학했습니다. 입학식 날부터 지각할 정도로 학교에 가고 싶지 않았습니다.

그런데 동아리 신입생 환영회에 초청을 받고 간 곳이 선교 동아리였는데, 첫날 모임에서 찬양을 통해 성령에 완전히 사로잡혀 있는 젊은 학생들의 모습과 말씀에 큰 감동하고 일주일에 한 번씩 드리는 정규 예배에 참여하게 되었습니다. 그리고 캠퍼스에서 하는 매일 아침 성경 공부를 시작했습니다.

어느 날 아침 옥상에서 학교 선배가 인도하는 성경 공부 시간에 "예수의 유일성"이라는 강의를 들을 때, 뜨거운 성령의 기름 부어주심을 경험하면서, 예수님이 내 인생의 구주요 주인이심을 고백하게 됐습니다.

이후 계속된 제자훈련 가운데 하나님이 가장 기뻐하시는 일이 선교라는 것을 알게 되었고, 1980년 2학년 여름 때, 국제대학생수련회에 참석하게 되었을 때, 선교사의 부르심을 받게 되었습니다.

선교지로 태국을 선택한 이유는 배우자이자 동료 선교사인 남편 때문이었습니다. 선교의 부르심을 받고 언제 선교를 나가야 할지 고민했는데, '직장생활을 하다가 중간에 가는 것이 쉽지 않을 것 같다'라는 생각이 들었습니다.

그래서 일단 '먼저 선교사로 나가 주님께 드린 헌신의 약속을 지키고, 그 후에 하고 싶은 일을 하는 것이 좋겠다'라는 생각이 들었습니다.

간호사로서 선교지에서 섬기는 길을 생각하다 '졸업 후 조산원 훈련을 받겠다'라고 결심했습니다, 훈련을 마치고 좀 더 경력을 쌓기 위해 병원에 근무하고 있을 때, 선교 헌신자인 남편을 만나게 되었습니다. 남편은 이미 선교할 국가가 정해져 있었고, 결혼 후 함께 훈련을 받고 현재 사역하는 태국으로 오게 되었습니다.

태국에 첫발을 내디뎠을 때의 기억이 생생합니다.

1986년 7월부터 약 1년간 KIM선교회(Korea International Mission) 선교회 허입 선교사로 공동생활을 하면서 선교 훈련을 받았습니다. 1987년 후반부에 선교지로 출발할 모든 준비를 마치고 여권을 신청했지만, 발급이 늦어져 기다리다가, 마침내 1988년 1월 18일 파송 예배를 드리게 되었습니다. 여권이 발급되어 비자를 받았고, 1988년 2월 26일 태국 선교지로 떠날 수 있었습니다.

1년 4개월 된 큰딸을 품에 안고, 둘째를 임신한 상태에서 선교를 위한 부푼 꿈과 단단한 각오를 두고 비행기에 올랐습니다. 저녁이 다 되어 도착한 태국 날씨는 한증막에 들어온 느낌이었고, '드디어 선교지에 왔다'라는 것을 실감할 수 있었습니다.

그런데 너무 더워서 선교지의 첫날밤은 자다가 깨다가 뒤척이기를 반복했습니다. 선배 선교사님들이 언어 학교와 시장 가기 편한 곳으로 살 집을 준비해 주셨고, 일주일 후부터 학교에 등록해 하루 4시간씩 오전 시간에 어학 공부를 했습니다.

아침이면 언어학교에 가는 엄마를 따라가려고 딸(주리)은 새벽같이 일어나 옷을 입고 신발을 들고 먼저 문 앞에 가서 기다리고 서 있었습니다. '낯선 곳에서 말도 통하지 않은 낯선 사람과 있다'라는 것이 두려웠던 것 같습니다.

　아이를 달래고 집을 나서자마자 집 안에서는 딸아이가 우는 소리가 크게 들렸습니다. 울음소리는 우리가 사는 2층 아파트를 쩌렁쩌렁하게 울렸고 제 마음을 무겁게 했습니다. 감사하게도 아이는 점점 새로운 상황에 적응했고, 저희 부부와 태 속의 아이도 잘 적응해 갔습니다.

　2개월 동안의 언어 공부를 마친 후, 둘째 아이를 선교 현지 병원에서 낳았습니다. 모든 것이 새롭고 다시 아기 엄마가 되었지만, 언어 공부를 미룰 수 없어 집으로 어학 선생님을 초청해 공부했습니다.

　하루는 유리창에 붙어있는 도마뱀을 본 딸이 놀라며 "무섭다"라고 하면서 엄마에게 다가왔습니다. 그때 딸에게 "도마뱀은 친구란다. 모기와 벌레를 잡아먹어서 주리가 물리지 않도록 도와준단다."라고 말해주었습니다. 그 후부터 딸은 도마뱀이 나타나면 "엄마! 친구 왔네"라고 말하곤 했습니다.

　게다가 딸은 도마뱀을 무서워하지 않고 오히려 도마뱀과 잘 놀았습니다. 하루는 딸의 손에 도마뱀 꼬리가 들려 있는 것을 보고 화들짝 놀랐던 적도 있습니다. 그뿐만 아니라 감사하게도 태국 유치원에 들어가 태국 말을 하면서 아이들과 잘 적응해 갔습니다.

　태국의 3월은 가장 더운 건기의 시작입니다. 건기가 오면 너무 날씨가 덥다 보니 피부에 많은 문제가 생기곤 합니다. 두드러기와 피부의 알레르기성 가려움증이 해마다 나타나 힘들었습니다.

　그리고 우기인 6월이 되면 비가 오기 시작합니다. 비가 한 번 쏟아지기 시작하면 1시간 정도 앞이 안 보일 정도로 퍼붓습니다. 비가 그치고 나면 다시 하늘은 멀쩡하지만, 거리는 순식간에 물바다로 변해 있습니다.

그러면 어디서 나타났는지 수많은 바퀴벌레가 하수구에 있다가 도로변 건물 벽으로 기어 올라와 까맣게 붙어 있습니다. 그러면 갑자기 구역질이 나며 소름도 돋았습니다.

홍수로 인해 물 위에는 더러운 오물들이 떠다닙니다. 비가 그치고 시간이 지나면 서서히 물이 빠지고 구름다리 밑으로 비를 피해 있던 사람들도 움직이기 시작합니다. '언제 비가 왔냐'는 듯이 하늘이 푸르고 맑습니다.

그러고 나면 뜨거운 기운들은 사라지고 시원한 바람이 불어옵니다. 한국의 비와는 달라서 태국에 온 이후로 비 오는 날을 좋아하게 되었습니다.

언어 공부와 육아 그리고 선교 회의와 기도 모임들에 참여하는 것이 고되긴 했지만, 주님께서 불러주신 선교사로서의 감당해야 할 사명으로 받아들였습니다. 하루하루가 새롭고 기대로 가득했고, 태국의 모든 것들은 서서히 내 삶 속으로 점점 들어오기 시작했습니다. 언어의 불편함이 있지만 새로 태어난 어린아이처럼 언어를 배우는 것은 재미있었습니다.

길거리에서는 많은 음식을 만들어서 팔기에 시내버스를 타고 언어학교에 가려면 익숙하지 않은 음식의 냄새가 코를 찔렀습니다. 임신 중이라 더욱 그 냄새가 힘들었지만, 이곳에서 잘살게 되려고 그랬는지 어느 순간부터 그 음식 냄새가 구수하고 맛있게 느껴졌습니다.

태국은 삼 계절이 있습니다. 더운 계절, 더 더운 계절, 그리고 몹시 더운 계절입니다.

35년 차에 접어들었지만, 아직도 더운 것은 적응이 안 되고 여전히 덥습니다. 단지 더위를 바꿀 수 없으니, 내가 적응하려고 노력하면서 지금까지 올 수 있었던 것 같습니다.

계절의 변화는 건기, 우기, 그리고 환절기로 넘어갑니다. 한 일주일 정도 선선하다고 느껴지다가, 곧바로 다시 더운 건기로 넘어갑니다.

처음 태국에 왔을 때는 피부가 연해서 그런지 '알레르기 피부염'이 생겨서 해마다 힘들었습니다. '식중독'으로 장이 뒤틀리고 배탈이 나서 몇 번씩 병원을 들락거릴 때도 참 힘들었습니다. 물을 잘 끓여서 마시지 않으면 때때로 이렇게 탈이 나곤 합니다.

한번은 남편과 함께 모기가 옮기는 '유행성 출혈 열병'에 걸렸습니다. 남편은 나흘 동안 무의식 가운데 사경을 헤맸고, 그 후 5년 동안 기력을 잃었습니다. 다행스럽게도 서서히 치유되었지만, 손과 발바닥의 피부가 다 벗겨졌습니다.

제가 겪었던 통증과 고열은 몸의 모든 세포를 다 태워버린 것 같은 느낌이 들게 했습니다. 완전히 기력을 잃었고 아무것도 할 수 없어 집에서 회복하는 시간을 보냈기에 많이 외로웠습니다.

그때 CGN방송을 통한 예배와 설교 말씀은 은혜의 단비였고, 다시 영적인 회복을 얻게 만들어 주었습니다. 주님께서 치유해 주시고 회복시켜 주셔서 다시 사역에 임하게 하시니 온 마음을 다해 찬양합니다.

사역하면서 가장 힘든 것은 무엇보다도 내 영혼의 삶에 '곤고함이 밀려올 때'입니다. 그럴 때면 모든 의미를 상실하게 되고 무력해지니 육체적인 삶을 살게 되어 모든 일이 뒤틀리는 현상들이 관계 속에서 드러나곤 합니다. 동역자들 사이에도 오해가 생기고, 그 틈을 타 개입하는 사탄의 훼방으로 성숙하지 못한 인격들이 부딪쳐서 관계가 깨지기도 합니다.

그때 겪는 곤고함과 아픔은 이루 말할 수 없었습니다. 성령 충만한 삶을 사는 것도 너무나 중요하고, 인간관계를 잘 갖는 방법을 배우는 것, 또한 중요한 것 같습니다.

십자가에 나타난 하나님과의 관계와 인간과의 관계를 잘 형성하고 유지함이 너무나 중요함을 알게 되니, 겪었던 아픔들이 오히려 약이 되어 저를 더욱 성숙하게 만들어 주었습니다.

그러나 힘든 일 못지 않게 보람된 일들도 많았습니다. 대국에서의 삶은 '더위와의 싸움의 연속'입니다. 그러면서도 그 더위를 통해 주시는 맛있는 열대 과일들이 주는 행복도 엄청 큽니다.

태국에 온 지 3개월 만에 둘째 아이를 낳고, 두 아이를 키우면서 언어 공부를 하던 시절이 피곤했지만 너무나 행복했습니다.

'태국어를 정복한다'라는 목표 아래 태국신학교에 들어가서 들리지도 않는 선교지 언어로 신학 공부를 하던 시절도 너무나 힘들었지만 역시 행복한 시간이었습니다.

새로운 것을 알아가는 기쁨은 그 어느 것과도 비교할 수 없는 행복함이었습니다. 모르던 언어가 들리기 시작하고, 그 언어를 가지고 소통하면서 말씀을 전하고 간증하고 전도와 훈련을 해 갈 수 있는 행복을 누렸습니다.

게다가 나중에 신학을 하게 되고 박사 학위를 취득하고, 목사 안수까지 받게 되는 복을 누렸습니다.

아무리 힘든 일들이 생기고 고단해도 사역 현장 속에서 아이들이 주님 앞에 나오고, 교회학교 교사들이 훈련된 후 그들의 변화되는 모습을 볼 때, 그리고 훈련을 위한 책을 번역하고, 그 책이 실제로 훈련에 사용되어 지도자들에게 읽힐 때, 내 안에 묻어있던 모든 땀과 피로는 순식간에 다 없어집니다.

무엇보다도 이들이 주님의 나라를 섬기기 위한 주님의 종으로, 어린이 사역자로 헌신하며 동역할 때의 기쁨은 이루 말할 수 없습니다.

주님께서 태국 교회의 성장과 태국의 미래인 어린아이들을 향한 사역에 집중하게 하시면서, 처음 주신 사역이 교회 개척과 교사 훈련 사역이었습니다. 교회학교 교사들이 든든하게 세워지는 모습 속에 큰 보람을 맛보았고, 그들이 힘차게 사역하는 모습 속에서 태국의 미래를 봅니다.

태국에 온 지 11년이 됐을 때, 훈련장소가 절실하게 필요했습니다. 그래서 문을 닫고 있던 조그만 상업전문학교를 태국 교육부의 소개로 임대할 수 있었고, 1999년 9월 '방콕은혜학교' 문을 열었습니다. 손에는 단돈 60만 원뿐이었지만, 주님은 이 일을 시작하게 하셨고, 능력의 손으로 모든 필요를 채워주셨습니다.

어린이 사역과 교육 사역에 대한 뜨거운 열정은 점점 더해졌고, 주변의 요청으로 유치원부터 고등학교까지 포함하는 학교의 문을 열게 하셨습니다. 학교 사역을 통한 많은 유익함이 있습니다. 주중에는 학교로, 토요일과 주일에는 교회와 교회학교 교실로, 그리고 방학 때는 교사 훈련, 어린이 캠프, 청소년 캠프 및 각종 신학 세미나를 할 수 있었습니다.

특히 학교의 시작과 함께 주변에 있는 동네 아이들을 대상으로 '어린이골목전도'를 하게 되었습니다. 학교 설립 23주년이 되는 오늘까지 계속 토요 전도를 지나 골목 교회학교와 토요 학교 사역을 계속하고 있습니다.

하지만 코로나19 팬데믹으로 인해 학교의 문을 닫아야 하는 지경이 되었습니다. 모든 선교 사역의 교두보 역할을 하던 학교가 문을 닫으니 당장 선교 사무실, 교회 예배당, 아이들의 훈련 장소가 너무나 절실하게 필요하게 된 겁니다. 학교는 임대 계약 기간 만료로 더 이상 비싼 임대료를 내면서 사용할 수 없는 어려움에 직면했고, 아이들에게 복음을 전할 새로운 선교센터가 절실히 필요하게 되었습니다.

지난 23년간 돌보고 있는 골목 아이들의 사역을 계속하기 위해, 그리고 태국 현지인 사역자들과 교사들을 훈련할 수 있는 예배와 세미나를 위한 장소를 찾고 있습니다.

그러나 문제는 필요한 재정입니다. 태국의 다음 세대를 세우는 일이 새로운 선교센터에서 계속되길 간절히 기도하고 있습니다.

함께 기도해주시기를 부탁드립니다. 현재 학교를 중심으로 하던 사역들이 문을 닫게 되면서 새로운 선교센터 이전이 절실히 필요합니다.

코로나19로 인한 많은 재정적 어려움을 겪고 있습니다. '한 평 사기 운동'(한화 200만 원)을 벌이며 애타게 주님의 공급을 기다리고 있습니다.

이제는 노년의 선임 선교사가 되고 보니 몸도 매우 피곤하고 예전같이 힘차게 뛸 수가 없습니다. 영과 혼과 육의 건강도 필요합니다. 속히 새로운 선교센터가 마련될 수 있도록 기도해 주십시오.

그리고 두 자녀에게 준비된 배필을 허락해 주셔서 믿음의 가정을 세울 수 있도록 기도해 주시면 고맙겠습니다.

일신 가족들과 해외 선교를 소망하는 의료인들에게 드리고 싶은 이야기도 있습니다.

선교사의 삶은 기쁨이고 행복입니다.

힘들게 어렵지 않은 인생이 어디 있겠습니까?

하지만 사명으로 부름을 받아 영육 간에 병든 자를 치유하고 회복시켜 새로운 사람으로 세워 나아가는 일은 너무나 보람되고 기쁜 일입니다.

선교사는 지리, 환경, 언어, 문화, 종교를 뛰어넘는 고단한 달음질을 해야 하지만, 그럼에도 불구하고 주님께서 더 깊이 간섭하시고 인도해 주시니 전혀 겁낼 것이 없습니다.

육신이 병든 사람들은 영혼이 함께 핍절하기가 쉽습니다. 의료인으로서 좋은 은사와 능력을 갖추고 선교지의 사람들 앞에 나아가면 모든 길이 더 쉽고 넓게 열리게 됩니다.

육신은 고침을 받아도 반드시 어느 날인가 죽어 흙으로 돌아가지만, 영원히 살게 되는 영혼을 회복시켜 새로운 사람으로 살게 하는 선교의 사역은 너무나도 중요하고 행복한 일입니다.

그동안 저의 사역이 가능할 수 있도록, 그동안 선교에 관심을 두시고 기도와 헌금으로 동참해 주신 일신기독병원의 선교사역부에 진심으로 감사한 마음을 전하고 싶습니다.

선교는 주님이 기뻐하시는 일이며, 순종하는 선교사도 기쁘고 행복합니다. 물론 성령 충만하지 못할 때 겪는 수많은 어려움도 있습니다. 물질, 문화, 언어와의 싸움이 매일 벌어지지만, 그것을 뛰어넘어 갈 힘을 주님은 항상 공급해 주십니다.

선교사로 부름받는 것은 특권입니다.

진정한 믿음의 소유자라면 그 특권을 가지고 선교를 통해 주님의 마음을 시원하게 해드리시기를 원합니다. 선교는 하나님을 춤추게 하고, 나와 남도 행복하게 하는 삶입니다.

어린이 사역

어린이 전도

교육 사역의 열매

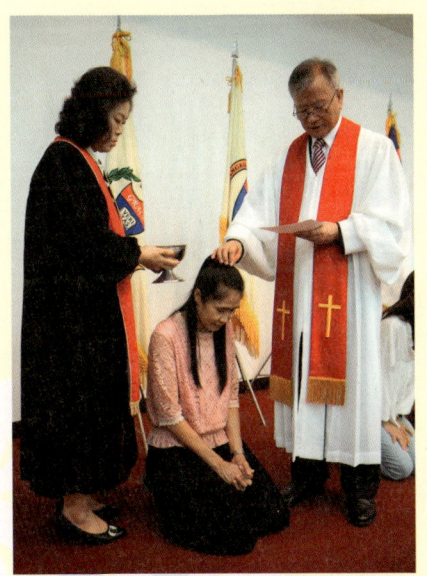

세례식

허락하시는 날까지 순전한 믿음으로

채숙향 선교사 (아시아 파키스탄, Pakistan)

선교사로 헌신하기로 처음 서원했을 때, '조산사가 되면 선교지에서 유용하게 사용될 수 있겠다'라는 생각을 가졌습니다.

그래서 당시 전국에서 가장 유명한 조산사 교육기관으로 알려져 있었던 일신기독병원에 지원했습니다. 한 기수에 25명의 훈련생이 있었고, 1년에 세 기수를 배출했는데, 제가 속한 57기 훈련생들은 전국구였습니다.

서울에서 간호학과를 나온 사람도 있었고, 제주도 출신도 있었습니다. 1년간 함께 기숙사 생활을 하면서 4개월, 또는 8개월 선배 훈련생들의 도움도 받고, 같은 기수의 친구들과 애환도 나누며 지냈습니다.

무엇보다 대학 때 영적으로 훈련받았던 한국대학생선교회(CCC) 출신들이 있어 힘과 기쁨이 되었습니다. 훈련도 힘들고, 잠도 모자라고, 많이 고달프기도 했지만, 첫 직장에서 보내는 기숙사 생활이 즐거웠고, 훈련생과 함께하는 삶을 통해 조금씩 나 자신을 만들어 갈 수 있었습니다.

간호사가 되면 주일을 지키기 어려울 수 있다는 것은 알고 있었지만, 그런데도 주일에 근무해야 할 때면 부담이 됐습니다. 그래서 오전 예배 참석을 못 하면 저녁 예배는 꼭 참석하려고 애썼습니다.

대학생일 때는 중고등부 교사를 했지만, 직장 생활을 하면서는 쉽지 않았습니다. 일신 훈련생 기간은 어떤 교회 봉사도 감당하기 어려웠습니다. 밤 근무하고 들어와 자다가 수업을 받으러 가야 할 때가 가장 힘들었습니다.

훈련 기간인 1년 동안 약 100건의 분만에 참여할 수 있었습니다. 슈퍼바이저의 지도하에 정상 분만에 참여하는 것이었지만, 정해진 규칙대로 배우고 익혀야 하는 시간이었기에 실수 없이 하려고 노력했습니다.

그러나 자주 꾸지람을 들어야만 했고, 스트레스를 받기도 했습니다. 지금은 어려웠던 기억들이 많이 사라졌지만, 능숙한 선생님들처럼 능력 있는 조산사가 되고 싶고 부러워했던 기억은 지금도 또렷하게 남아 있습니다.

훈련을 마치고 고신대학교복음병원 분만실에 취직했습니다. 기독교 병원에서 일하고 싶었기 때문입니다. 복음병원은 분만이 그리 많은 병원이 아니었기에, 분만실과 신생아실을 함께 보게 되었고, 분만은 대학병원 산부인과 레지던트들이 했습니다. 우리는 분만의 모든 과정을 지키고 도와줬습니다.

오히려 신생아실, 신생아 중환자실, 미숙아 관리, 신생아 중환아를 간호하는 시간이 훨씬 더 많았습니다.

무엇보다도 복음병원의 간호사로 근무하면서, 출석하던 교회에서 중고등부 교사를 할 수 있었기에 감사했습니다. 근무를 자유롭게 바꿀 수 있어서 밤 근무를 하면 주일 낮에는 교회를 출석할 수 있었습니다.

믿는 병원이라 마음도 편했고 즐겁게 근무할 수 있었습니다. 복음간호전문대학 한국대학생선교회 후배들도 챙길 수 있는 시간도 가졌습니다. 사람 좋은 선생님도 계셨고, 동료들과도 기쁘게 생활할 수 있었으며, 신생아실 일들이 손에 익숙해져서 '어디를 가도 미숙아 간호를 잘할 수 있겠다'라는 자신감도 생겼습니다.

복음병원에서 7년을 근무한 후, 춘해병원 신생아실과 분만실의 수간호사로 이동하게 되었습니다. 그러나 직장생활이 익숙해지고 연차가 쌓일수록, 선교에 대해 빚진 마음도 함께 늘어갔습니다.

처음 선교사가 되고 싶은 열정과 믿음을 가졌던 때는, 1980년 여의도에서 열렸던 세계복음화대성회에 참여하면서였습니다. "자매들도 군대를 가는 마음으로 세계선교에 3년 이상 헌신하라"라는 김준곤 목사님의 말씀이 마음 깊이 와닿았습니다. 그래서 이렇게 생각했습니다.

> 그래!
> 예수님의 제자라면 당연히 가서 모든 족속으로 제자 삼는 일을 해야지.

스스로 간호학 공부를 접하게 된 것은 아니었지만, '간호사가 되어 목회자들도 들어가기 어려운 이슬람권에도 자비량 선교사로 갈 수 있다는 것이 큰 장점이고, 하나님의 뜻이 있다'라고 생각되었습니다.

그래서 해외에 나가 근무를 해보고 싶었습니다. 졸업 후 1년 반 만에 사우디아라비아에 해외 간호사 모집이 있어서 지원했지만, 짧은 경력으로 인해 받아들여지지 않았습니다. 이후 바쁜 직장 생활과 가정에서의 책임감으로 인해 선교를 잊고 살았습니다.

그런데 1980년 후반에 함께 선교사 서원을 했던 친구들이 선교사로 나가기 시작했습니다. 내 마음 가운데도 다시 하나님과의 약속에 대한 부담감과 의무감이 생기기 시작했습니다. 그러나 결혼하고 가고 싶었지만, 결코 쉽지 않았습니다.

하지만, 결국 1991년 3월 성경번역선교회(GBT) 봄 학기 선교 강좌에 등록하고 선교에 대한 오리엔테이션을 시작했습니다. 주 1회 모임에서 강의를 하나씩 들으며, GBT 파송 선교사들을 위한 기도 모임을 했습니다.

「난 곳 방언으로」라는 제목의 소식지를 읽으며 선교사님들을 위해 기도하는 시간이, 선교에 대해 배워가는 시간이었습니다. 이때 오스왈드 스미스 목사님이 쓴 『선교사가 되려면』이라는 책을 통해 큰 영향을 받았습니다.

선교에 가야 하는 당위성으로 마음이 불타올랐습니다. 사탄이 선교를 얼마나 싫어하고 방해하는지를 읽으면서, '이제 간호사 10년 경력을 가지고 선교지로 가야 할 때'라는 열정을 가지고 계속 기도했습니다.

하나님과 선교하기로 약속했는데, 벌써 서른이 넘어가고 있고, "어떻게 해야 하나" 하는 마음에 조급함도 생기기 시작했습니다.

파키스탄의 선한사마리아병원 사역에 대해서는 이미 듣고 알고 있었습니다. 학교 선후배가 1기 선교사로 사역하고 있었기에, 종종 기도 편지로 소식을 듣기도 했습니다.

하지만 이슬람 국가에서의 사역의 어려움과 중도 포기하는 선교사님들의 이야기, 현지인들의 거짓말과 사기 사건, 특히 팀사역의 어려움을 들으면서, '파키스탄은 아닌가 보다'라는 생각을 하고 있었습니다.

그러던 중 1992년 6월에 선한사마리아병원에서 사역하시는 조재선 선생님 부부를 만나게 되었습니다. 부산 나사렛 형제들이 같이 만나는 자리였는데, 식사하며 교제하던 중에 그분들은 내가 간호사이며 선교의 희망을 품고 있다는 말을 들으시고 파키스탄에 꼭 한 번 와보기를 부탁하시면서, "그해 여름에 단기 선교팀들이 처음 만들어져서 파키스탄을 방문한다"라고 하셨습니다.

선교에 대한 마음과 부담을 떨치기 위해, 1992년 8월 파키스탄 카라치 선한사마리아병원 단기 선교팀에 합류했습니다. 다행히 당시 병원 수간호사로 근무하고 있어서, 일주일의 시간을 내는 것이 가능했습니다.

단기 선교를 가면서 하나님의 구체적인 부르심을 구하는 기도를 시작했습니다. 대학 졸업 후 11년째 병원 근무를 하고 있었기에, 선교사로 나가는 시기를 더 늦추면 나갈 수 없을 것 같았고, 이제는 경력으로도 어디를 가든지 무슨 일이든 할 수 있을 것 같았습니다.

그래서 하나님께 세 가지 기도 제목을 놓고 기도했습니다. 그리고 응답해 주시면 선교사로 부르시는 줄 알고 "나가겠다"라고 했습니다.

첫째, 멀미를 많이 하니까 파키스탄까지 비행기에서 멀미하지 않고 안전하게 다녀오는 것.
둘째, 이슬람권 선교가 아직은 때가 아니라고 생각하는데, '선교가 가능하다는 확신을 달라'라는 것.
셋째, 누군가가 나를 선교사로 요청해 주는 것.

그런데 하나님은 결론적으로 이 세 가지를 모두 응답해 주셨습니다. 멀미를 전혀 하지 않았던 것은 아니지만 참을 만했습니다.
모슬렘 가정에 가정 방문했을 때, 환자가 기도로 회복되는 것도 보게 해주셨습니다.
그리고 마지막 돌아오는 비행기 안에서 시니어 간사님이 "간호사가 너무 필요한데 자매가 이제 파키스탄에 가면 좋겠다"라고 간곡하게 요청하는 것이었습니다.
마침내 1992년 12월 말에 다니던 병원을 사직했습니다.
선교사로 출발하려는 나에게 가장 큰 부담은 누군가의 후원으로 살아야 한다는 것이었습니다. 사람들을 만나 후원을 요청하는 것이 너무나 어렵게 생각되었지만, 하나님은 그것도 넘어서게 해주셨습니다.
다음 단계는 본격적인 선교 훈련, 해외 적응, 영어 훈련이었습니다.

선한사마리아병원은 1989년 12월 순수 한국 주도의 해외 선교병원을 꿈꾸며 파키스탄 카라치에 첫 팀을 파송하면서 시작된 병원입니다. 재정 후원을 맡은 충현교회와 한국CCC의 공동파송으로 시작된 사역이었습니다. 기본 3년의 사역을 약속하고 파송되었지만, 첫 팀은 예정보다 일찍 돌아왔습니다.

우리는 1993년 6월에 파송되는 두 번째 팀이었습니다. 함께 훈련 받고 파송 받은 사람들은 산부인과 여의사 1명과 간호사 3명이었습니다. 싱글 여자 4명이 한 팀을 구성했습니다.

선한사마리아병원은 여러 가지 어려움과 난관 속에서, 1991년 8월 현재 병원이 위치한 오랑기타운 지역에 클리닉을 시작할 수 있었습니다.

1993년 6월 24일에 카라치에 도착했는데 밤인데도 무척이나 더웠습니다. 종교, 언어, 사회, 문화, 경제 상황 등 우리나라와 너무 달랐고 가난한 나라였습니다. 무슬림이 97퍼센트인 파키스탄은 이슬람공화국입니다.

이슬람 문화에서는 결혼이 가장 중요시되는 인생사인데 여자는 보통 10대 말이나 20대 초반에 결혼합니다. 우리 4명의 선교사는 20대 후반과 30대 초반이었고, 결혼하지 않은 외국인 4명이 함께 살겠다고 집을 구하려 하니, 월셋집을 구하는 것이 정말 어려웠습니다.

당시 병원 주변은 슬럼가였고, 정당 싸움의 중심에 있던 곳이어서 외국인이 살기에는 위험한 지역이었습니다. 파키스탄 현지인들도 왜 그런 지역에 집을 구하려고 하는지 의아해했습니다.

어렵사리 집을 구해 함께 살면서 한 시간 거리의 병원으로 출퇴근하기 시작했습니다. 아침에 출근하면서 점심 도시락을 준비해야 했는데 4명이 순번제로 식사 준비를 했고, 오후에 하루 진료를 마치고 집에 오면 그때부터 현지어인 우르두어 공부를 했습니다.

날씨는 덥고, 오가는 한 시간의 출퇴근길은 공해와 먼지 속이었습니다. 다행히 새로운 여의사가 진료를 보기 시작하니, 여성과 아이들 환자가 많이 몰려오기 시작했습니다. 오후 1시까지 진료를 보는데도 환자가 100명이 넘었습니다. 날마다 병원은 북새통을 이루고 이해력이 짧고 말이 잘 통하지 않는 환자들을 돌보는 것이 점점 힘들어지기 시작했습니다.

날마다 같은 문제를 가지고 오는 만성질환자들은 운동과 식이요법이나 바꾸는 것만으로도 증상이 훨씬 좋아질 수 있는데, 자신이 바뀌려는 생각은 하지 않고 병원의 약만 의지하려는 자들이 답답하고 속상하고 안타깝고 미운 마음마저 들었습니다.

무조건 살 빼는 약을 달라고 하는 이들도 많았는데, 이슬람 국가에서 가난한 여자가 운동한다는 것은 생각도 할 수 없는 문화였으니 너무 속상한 마음뿐이었습니다.

집에서 하는 윗몸일으키기라도 하도록 가르쳐주면, 방 한두 칸짜리 집에서 10명 가까운 식구들과 함께 살면서 독립된 공간도 없는데, 누워서 여유롭게 운동한다는 것도 사치로 생각되는 열악한 상황이었습니다.

남편이나 남자 형제가 없이는 외출하는 것도 금기시하는 곳에서, 여자들이 자신을 위해 할 수 있는 문화생활이나 여유는 아무것도 없는 듯 보였습니다.

철저하게 베일에 가려진 이슬람 여인들을 알아가는 데는 시간이 오래 걸렸습니다. 돌아보면 첫 3년 사역하는 동안은 좌충우돌 그 자체였습니다. 영적 전쟁에 너무 무지해서 팀사역에서 서로를 이해하는 것이 쉽지 않았고, 싱글 여선교사 4명이 함께 사는 것이 너무 힘들었기에, 1년 후에는 2명씩 생활하면서 조금씩 안정되어 갔습니다.

현지 우르두어를 배우는 일은, 열심히 하면서 조금씩 진보가 있고 자신감도 생겼습니다.

하지만 파키스탄은 영국의 식민지였던 곳이어서 어느 곳에서나 영어가 쉽게 통용되었는데, 외국인은 당연히 영어를 잘할 것이라고 사람들은 생각했습니다. 현지어를 배우기 전에는 영어로 의사소통해야 했는데, 마치 유치원생처럼 영어가 서툰 나 자신 때문에 자신감이 없고 의기소침할 때가 많았다.

1990년대는 한국 선교사들이 많지 않고 서양 선교사들이 대부분이어서, 선교사 사회에서도 영어가 스트레스가 되었습니다. 다행히 선교사 언어학교에서 2개월 동안 기숙사 생활하면서 공부했던 기간은 전 세계에서 온 많은 선교사를 만나고 그들의 문화를 익히는 좋은 기회였습니다.

또한, 한인교회와 교민들의 모임은 외로운 타국에서 많은 위로가 되었습니다. 성도님들이 여러모로 선교사들에게 마음을 써주셔서 감사했습니다.

1년이 지나갈 즈음 나는 믿음의 선진들 자서전을 읽으면서 평생 선교사로 살겠다는 다짐을 하게 되었습니다. 나를 위해 생명 주신 주님을 위해 사는 것이 선교사로서의 최선의 삶이라고 생각했습니다.

3년 후 안식년을 가질 때, 평소에 필요하다고 느끼던 지역 사회 보건 사역을 위한 가정간호사 과정을 공부하고, 영적으로 부족한 부분을 채우기 위해 GMTC(한국해외선교회) 선교 훈련도 받았습니다.

그리고 1999년 4월에 CHE(Community Health Evangelism) 사역을 함께 할 간호 선교사 한 분과 함께 다시 파키스탄 선한사마리아병원으로 나가게 되었습니다.

하나님의 은혜로 지역 사회 속으로 가까이 들어가, '예방접종클리닉'을 통해 산전 관리와 신생아 관리를 도울 수 있었고, 가정들을 방문하면서 함께 기도하고 예배하며 전도의 길을 열어갔습니다.

3년 정도 병원과 떨어져 지역 사회 보건 사역을 하던 중, 선한사마리아병원이 24시간 운영하는 병원으로 전환이 절실하여 다시 병원으로 복귀했습니다. 클리닉은 현지인 간호사가 운영하게 되었고, 지금까지 간호사 무스랏뜨가 이 일을 잘 감당하고 있습니다.

많이 힘들었던 순간들도 있었습니다.

30여 년의 세월이 흐르면서 기억들이 희미해졌지만, 2001년 클리닉에서 일할 때의 기억이 잊히지 않습니다. 산전 진찰을 받으러 자주 오던 임산부가 며칠 동안 오지 않았고, 사람을 보내서 오기를 권하면 온다고 하고는 오지 않았습니다. 대가족이 모여 사는 집이라 식구들끼리 싸웠나보다 생각했습니다.

일주일 만에 클리닉을 찾아왔기에 그동안 왜 안 왔느냐고 물으니 집에 먹을 것이 없었고, 현기증이 나고 어지러워 일어날 수 없었다고 했습니다.

형편이 어려운 줄은 알았지만, 함께 사는 가족들이 최소한 먹을 것은 서로 나누어 주는 줄 알고 있었는데 그렇지 않았던 것입니다. 왜 빨리 오지 않았느냐고 화를 내면서도 그저 서로 바라보며 울었던 기억이 납니다.

아이와 남편은 굶길 수 없어, 자신만 희생하고 빈혈로 혈색이 누렇게 뜬 아주머니를 보면서 피자헛이나 패스트푸드조차 사 먹는 것이 죄인 된 것 같은 마음이었습니다.

이 산모의 큰 동서는 결핵으로 폐 하나가 망가졌고 남은 폐로 살면서 결핵 2세대 약으로 치료받고 있었습니다. 자식들이 모두 폐병에 걸렸고, 남편은 관공서에 청소부로 일했지만, 마약을 하면서 집에 돈을 제대로 가져다주지 않았다고 합니다. 아주머니는 평생 가정 청소부로 일해야만 했는데, 클리닉으로부터 15년 이상 돌봄을 받다가 결국 죽음을 맞이했습니다.

해결되지 않는 수많은 문제를 안고 살아가면서도 숙명으로 받아들이고 하루하루를 살아가는 이들과 함께 지내며, 저는 인간의 한계를 넘어선 하나님만이 아시는, 그래서 하루를 살아갈 은혜를 구해야 하는 것을 배웠습니다.

일용할 양식을 구하는 것, 하루를 살아갈 은혜를 구하는 것, 한날의 괴로움은 그날에 족하다는 것, 그저 한 걸음 한 걸음씩 걸어 나가야 할 뿐이라는 것을 실제로 체험하면서 지냈습니다.

클리닉 앞에는 동네 사람들이 내다 버린 쓰레기들이 산더미처럼 쌓여 있었습니다. 쓰레기들을 좀 다른 곳으로 옮겨달라고 기도하면서 민원을 넣고 부탁했지만, 정부의 쓰레기차가 오는 것을 한 달에 한 번이니 날마다 쓰레기는 쌓여갔습니다. 먼지와 냄새로 힘든 시간을 보냈는데, 3년이 지난 후 그 장소가 옮겨진 것을 보면서 얼마나 감사했는지 모릅니다. 그때 만성기관지염이 생겨서 3년 동안 잔기침해야 했습니다.

한번은 함께 사역하던 27세의 간호 선교사가 미전도 종족 지역의 단기 선교를 위해 답사를 가던 중 교통사고가 나서 죽을 고비를 넘기고 목등뼈 골절로 평생 하반신 마비로 휠체어 생활을 하게 된 일이 일어났습니다.

간호 선교사의 남편 목사님이 아기 예방 접종을 하고 병원 사택으로 들어오는 길에 강도의 총을 맞아 죽을 고비를 넘긴 일도 있었습니다.

현지인 병원 직원 2명이 탈레반에 납치되어 한 명은 38일 만에 탈출해 살아 돌아왔지만, 한 명은 결국 생사를 알지 못한 채 10년이 지나고 있습니다.

말하기조차 힘든 숱한 어려움을 겪으면서, 위험한 지역에서 선교 병원이 팀사역으로 지금까지 유지해 올 수 있었던 것은, 하나님의 은혜가 아니면 도무지 설명할 길이 없습니다.

감사한 일도 있습니다.

병원 교회 교회학교 출신이고 고등학교 졸업 후에 신실하게 교회학교 교사를 하는 라이나 자매가 카라치 내에 있는 의과대학에 진학한 것입니다.

20년이 넘게 크리스천 의사를 키우려는 소망을 가지고 믿음이 좋고 실력도 있는 아이들을 눈여겨 보았지만, 의대 진학까지는 어려웠습니다. 그런데 2021년 우리가 가르치는 교회학교 출신 학생이 의대에 가게 되어 얼마나 기쁜지 모르겠습니다.

인생의 미래를 우리가 확정하기 어렵지만, 학생 자신과 부모와 약속하고 병원 후원으로 공부하고 평생 선교병원에서 봉사하기로 했습니다. 하나님의 은혜를 깨달은 만큼 그 약속을 지켜나가리라 믿고 기도하고 있습니다.

파키스탄은 대대로 무슬림 가정에서 태어나면 무슬림이 되고 기독교인 가정에서 태어나면 기독교인이 됩니다. 종교가 신분으로 정착된 이 사회에서 소수 종교인 기독교인으로 살아가는 것이 어려운 핍박의 길이지만, 진리에 속한 사람들로서 참고 견디고 인내하며 살아가는 것이 얼마나 귀한지 매 순간 깨닫고 있습니다.

앞으로 하나님께서 세우신 이 병원을 현지인들이 잘 운영할 수 있도록 물심양면으로 뒤에서 돕기 위해 노력하고 있습니다.

무엇보다도 직원들이 영적인 그리스도의 제자들로 성장하도록 양육해야 할 책임이 있는데, 쉽지 않은 일이란 것을 느끼고 있습니다. 늘 해오는 일이지만 병원을 경영하는 입장에서 월급 받는 직원들을 사역의 동역자로 세워가는 것이 어렵기만 합니다.

또한, 교회학교 어린이 사역을 잘 활성화해 아이들에게 말씀이 심어지도록 하고 교회학교 교사들을 제자화 하려고 합니다. 말씀을 끊임없이 배우지만, 진리의 지식에 이르지 못한 이들이 아직도 많은 것 같습니다.

이슬람 국가에서 신앙생활을 하면서 형식적이고 의식적인 것이 믿음인 양 착각하고 사는 명목상 기독교인들이 많은데, 이들이 모두 진리를 알고 구원에 이르기를 기도하고 있습니다. 한편 무슬림이지만 신앙에 관심을 두는 이들을 봅니다.

이것은 성령의 역사로만 가능하다고 믿습니다. 하나님이 꿈으로 환상으로 만나주시기를 간구하고 있습니다.

이렇게 어둠에서 생명의 빛 가운데로 나아온 이들을 위해, 선교사들이 특별히 그들의 안전을 신경 쓰면서 믿음으로 사역의 열매를 맺어가도록 돌봐주어야 하는 책임이 있습니다.

병원 내에 어린이 유치원 사역을 하다가 중단이 되었는데, 다시 시작하기를 고대하며 부디 교육선교사들이 이곳으로 오기를 기도하고 있습니다.

그리고 아이들을 키우는 보람이 가득한 호스텔 사역을 위해서도 기도하고 있습니다.

2023년, 파키스탄 선교를 시작한 지 30년이 됩니다. 하지만 주님 앞에 자랑스럽게 내놓을 것도 없고, 이룬 것이 없고, 늘 이곳에서 씨름하며 투쟁한 일들만 생각이 나고 죄송스러울 뿐입니다.

걸어온 길을 돌아보며, 주님 앞에 부끄러운 것밖에 생각나지 않지만, 그래도 착하고 충성된 종이라는 칭찬을 들을 수 있다면 얼마나 좋을까 생각합니다. 하나님이 이곳 파키스탄에 머물기를 허락하시는 날까지, 순전한 믿음으로 살아가기를 다짐해 봅니다.

교회학교 어린이들

병원교회 청소년들

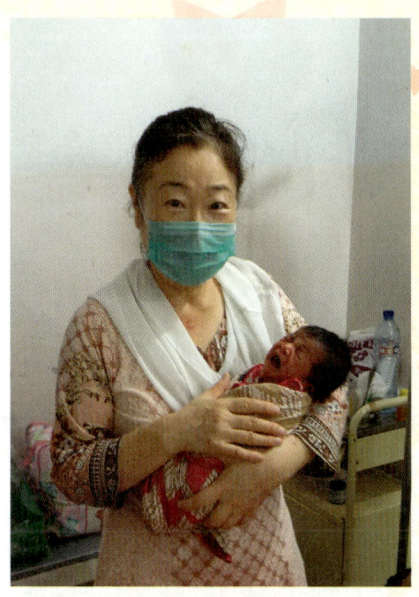

갓 태어난 신생아와 함께

교회학교 어린이들

하나님의 사역을 위해 나의 삶이 작은 순종이 되고

박영순 선교사 (아시아 필리핀, Philippines)

　간호학과를 졸업할 무렵에 학과장이셨던 수녀님이 내가 기독교인인 것을 아시고, "일신기독병원 조산사 수련 과정에 지원해보라"라고 추천해 주셨습니다. 신뢰하는 마음으로 다른 병원을 전혀 생각하지 않고 곧바로 일신기독병원에 지원하여 인연을 맺게 되었습니다.
　'내 주변의 사람들을 통해 하나님께서 인도해 주고 계신다'라는 것을 생각하면 모든 만남과 인도하심에 감사함을 느낍니다.
　수련 과정 1년을 마치고, 정식 조산 간호사로 일신기독병원에서 참 행복한 시간을 보냈습니다. 일신기독병원은 나의 사랑과 열정과 애틋함으로 온 일생을 물들일 수 있을 만큼 소중한 삶의 터전이었고, 단순한 직장이 아니었습니다.
　하나님이 함께하셨음을 부인할 수 없습니다. 모든 만남과 간호업무가 즐거웠습니다. 힘들어도 좋았고, 주님이 함께하시는 귀한 사명의 자리임을 늘 기억하며 살았습니다.

비록 부족함이 많았지만, 최선을 다해 임했으며, 주어진 삶을 많이 사랑했고, 또 주변으로부터 사랑도 많이 받았던 기억이 따뜻하게 남아있습니다. 환자분들과 동료 선후배들로부터도 많은 사랑을 받았던 것 같습니다. 모든 것이 사랑이고 감사뿐입니다.

1991년부터 맺어진 일신기독병원과의 만남을 거쳐, 조산사 수련과정, 분만실, 소아 병동, 산부인과 병동 등을 경험했습니다. 그리고 1999년에 새로 개원하게 된 화명일신기독병원 병동 책임자로 보내심을 받았습니다.

개원을 준비하는 과정은 마치 신혼집 살림살이를 하나씩 마련해야 하는 상황과 같았지만, 경험 없는 어린 책임자를 앞에서 잘 이끌어 주신 조겸순 간호과장님은 마치 친정엄마 같았고 믿음직한 멘토였습니다.

선교사로 나오기 직전인 2006년까지 일신기독병원과 화명일신기독병원은 나의 일터이고, 선교지이며, 부름을 받은 사명의 터전이었습니다.

주님이 부르신 자리에서 최선을 다해 뛸 수 있었고, 또한 열정적인 간호과 직원들 뿐만 아닌 다른 부서 동료들과도 한 팀이 되어 사역할 수 있었던 시간이 너무나 소중했던 시간이었으며, 오늘의 내가 있도록 만들어준 '훈련과 경험의 장'이었습니다.

직장생활의 처음이자 전부였던 일신기독병원과 화명일신기독병원은 선교지였고, 가정과도 같은 곳이었습니다. 아침마다 있었던 병실예배, 그리고 일주일 한 번씩 병실을 돌며 환자들에게 찬양을 통해 하나님의 위로와 평안을 전달했던 시간은 나 자신의 영적 충전을 위한 시간이기도 했습니다.

　화명일신기독병원의 간호팀장으로 근무하면서도, 아침 경건회, 선교회의 말씀사경회는 교회에서의 신앙생활 이상으로 큰 영향을 주었고, 삶에 동력이 되는 영적 충전의 시간이었습니다.

　환자와 보호자들은 하나님의 빛을 볼 수 있도록 인도해야 할 소중한 사람들이었기 때문에 늘 진심으로 대하려고 노력했습니다. 함께 근무했던 직원과 동료들 모두가 그리스도께로 더 가까이 갈 수 있는 선한 영향력의 사람이 되고 싶어 참 많이 노력했던 시간이었습니다. 병원은 그리스도인의 삶을 실천해 내야 하는 세상 속의 선교지였습니다.

　일신기독병원 원목실의 신기조 목사님은 소중한 멘토였습니다. 또한, 현재 나의 일생을 함께하고 있는 남편을 만나게 해주신 분입니다. 언제나 따뜻하게 맞아주셨고, 상담해 주시며, 이야기를 들어 주셨던 초년생 간호사의 '든든한 영적 어머니'셨습니다.

　화명일신기독병원에서는 원목실 조형선 전도사님을 영적 어머니처럼 여기며, 함께 선교회의 일들을 도왔습니다. 경건회는 물론이고 원내에서 하는 기도회 뿐만 아니라, 기도원에도 함께 가서 기도하는 열정적이고 역동적인 신앙생활을 했던 시간이 매우 그립습니다.

　화명일신기독병원이 개원하고 얼마 되지 않았을 때, 좌천동 본원과 연합해 부산진교회에서 찬양경연대회를 함께 했던 시간을 그리움 속에 한 번씩 떠올리곤 합니다.

　병원 생활과 선교회 활동은 내가 목회자의 아내로 출석하는 교회보다 더 애착이 넘치는 신앙생활을 할 수 있게 해주었던 귀한 시간이었습니다.

좋은 사람들을 동료로 많이 만났고, 믿음의 귀한 교제도 나누며, 병실찬양이나 예배, 각종 선교회 활동을 통해 교회에서 하지 못한 신앙생활과 성도의 교제를 병원 근무를 통해 채울 수 있었습니다.

이처럼 일신기독병원은 나의 제2의 가정, 나의 교회, 나의 세상 그 자체였습니다.

선교사의 꿈을 갖게 된 것은 대학 선교 단체 활동을 통해서입니다. 한국대학생선교회(CCC)에서 훈련을 받고 활동하는 동안, 선교에 대한 도전의 말씀을 받았습니다.

전국 대학생수련회 때마다 각 나라와 각 지역을 향한 선교사의 부르심에 대해 아무 의심과 주저함 없이 결단했습니다, 현실적으로 어떻게, 무엇을 준비해야 하는지에 대한 구체성은 없었지만, "주님이 부르시면 언제든 가겠습니다"라고 결단했고, 복음에 빚진 자로서의 마음을 갖고 살았습니다.

그러던 중 목회의 길을 가는 남편을 만났습니다. 목회자인 남편을 통해 어떤 선교의 길로 하나님께서 인도하실지 알 수 없었지만, 하나님이 남편을 통해 인도하시는 대로 맡기기로 했습니다.

현재 대한예수교장로회(통합) 총회 파송 선교사로 남편 임홍재 선교사와 함께 필리핀에서 사역 중입니다. 남편과 현지인교회를 동역하고 있고, 개인적으로 주중에는 선교사 자녀학교 보건실에서 보건 선생님으로 자원 봉사 중입니다.

남편은 전도사와 목사로 사역하던 교회에서 학생회나 청년들을 데리고 필리핀 단기 선교를 매년마다 진행하면서, '인생의 황금 시기

10년을 선교사로 하나님께 헌신해야겠다'라는 마음으로 기도했었는데, 마침내 총회 파송 선교사로 필리핀에 오게 되었습니다.

'선교사라면 아프리카의 오지 정도를 가야만 한다'라고 막연하게 생각했던 나는, 필리핀에 와서 나의 민낯을 보게 되었습니다.

접시에 기어가는 개미를 손으로 '쓱' 닦아내는 현지인 자매를 보면서 겉으로는 태연한 척했지만, 많이 당황스러웠던 기억이 아직도 또렷합니다.

해충들, 곤충들과 더불어 살아갈 아무런 마음의 준비도 하지 못한 내가, '만약 오지에 갔다면 어땠을까'라는 부끄러움이 일어났습니다. 지금은 접시나 그릇에 올라온 개미쯤은 손으로 아무렇지도 않게 '쓱쓱' 닦아내는 제 모습을 봅니다.

주님은 나를 나보다 더 잘 아셔서 필리핀으로 인도하신 것 같습니다. 주님께 항상 부끄럽지만, 나를 가장 잘 아시는 주님께 드리는 감사가 넘치고 있습니다.

2007년 3월 7일, 남편과 6학년이 된 아들(임평강)과 막 1살이 지난 딸(임예은), 그리고 몇 달간 도와주시기로 한 시어머님(이영규 권사)와 함께 필리핀에 도착했습니다.

처음에는 선배의 선교사님 센터에서 약 한 달간 생활했고, 이후 월세 집을 구해 본격적인 선교지 적응 및 정착을 시작했습니다. 1년간은 주로 지프니, 자전거 트라이시클, 오토바이 트라이시클 등을 타고 다니며, 현지인들의 삶을 곁에서 배웠습니다.

1년이 지날 즈음 지프니의 매연으로 남편의 기관지가 자꾸 약해져 자동차를 사들여야만 하는 상황이 되었습니다. 퇴직금으로 차를 구매했고, 더 이상 매연을 마시며 이동하지 않아도 되는 상황을 허락하셨습니다.

초기 정착과 언어연수를 하는 동안 어머니께서 만 한 살 된 딸을 돌봐주셨고, 우리가 필리핀에 잘 적응할 수 있도록 반년 정도 최선으로 도와주셨습니다.

얼마나 든든했는지 모릅니다. 때로는 심하게 아프셨고, 앓기도 했지만, 어머니는 낯선 필리핀 땅에서 저희 가정이 선교사로 잘 정착할 수 있도록 가장 큰 힘이 되어주신 조력자셨고, 이름도 없이 빛도 없이 뒤에서 묵묵하게 낯선 땅에서 섬겨주신 귀한 '선교사를 위한 선교사'였던 겁니다.

가장 답답하고 큰 어려움 중의 하나는 아무래도 언어였습니다.

영어와 필리핀 언어인 타갈로그어를 사용하고, 섬마다 언어가 달랐습니다. 영어와 타갈로그어를 모두 잘 할 수 있다면 좋겠지만, 한 가지도 제대로 훈련되지 못했던 초기에는 언어 소통과 표현에 한계가 많아서 참 힘들었습니다. 많은 시간이 흐른 지금도 '여전히 언어의 장벽은 높고 소통이 쉽지 않다'라는 것을 느끼곤 합니다.

또 다른 어려움은 필리핀의 심각한 빈부격차였습니다. 필리핀은 우리나라 1950년대 빈곤 상황으로부터 21세기 최첨단의 부유한 상황이 공존하는 빈익빈 부익부의 모습이 함께 어울려 살아가고 있습니다. 현지 교회들도 이러한 빈부격차를 그대로 보여 주고 있었습니다.

처음에는 이러한 상황의 필리핀을 이해하는 것이 정서적으로, 감정적으로 어려운 부분 중 하나였고, 내 안에서는 절망감과 좌절감이 계속되었습니다.

또한, 교회 사역을 시작하면서 교회 안에서 접하게 되는 현지인들의 사고방식과 여러 습관이나 태도가 지금까지 내가 경험하고 접해 왔던 한국 교회 문화와는 차이가 컸기에 적응하기 쉽지 않았습니다.

예배 중에 돌아다니는 일, 옷을 단정하게 입지 않고 교회에 오는 모습, 의자에 앉아 있는 자세와 어른을 대하는 태도 등 모든 것이 달랐습니다.

하지만 시간이 흐르면서 감사하게도 서로 조율해 나아갈 수 있었습니다. 현지인들이 변하기도 하고, 내가 적응하기도 하면서, 점점 마음도 편해지고 이해심도 깊어져 갔습니다.

필리핀에서 선교사로 사역한 지 올해로 만 15년이 되었습니다. 현재는 미국 선교사들이 세운 페이스아카데미(FaithAcademy)의 Health Office Staff Nurse(건강 사무국 간호사)로 섬기고 있습니다.

2015년까지는 아들이 다니던 한국인 선교사 자녀 학교인 마닐라한국아카데미(Manila Hankuk Academy)에서 보건교사로 섬겼습니다. 보건교사 경험은 없었지만, 다양한 환자들을 돌봤던 병원 경험을 바탕으로 선교사 자녀들을 돌보는 사역을 감당할 수 있었습니다.

2010년부터 학교에서 아이들을 만나고, 교사들과 직원들의 건강을 책임지는 보람된 주중의 학교 사역과 현지인 교회를 섬기는 주말의 삶이 지금까지 계속되고 있습니다.

필리핀 직원들은 월급을 받지만, 한국인을 비롯한 외국인 교사들은 모두 자비량으로 섬기는 교육 선교사들이며, 저 역시도 자비량으로 섬기고 있습니다.

보건실 사역 4년 차가 될 무렵, 한국인 선교사 자녀 학교를 성실하게 섬기던 교장 선생님과 묵묵히 긴 시간을 섬겨오던 교사 선교사들에게 격동의 시간이 찾아왔습니다. 억울한 누명과 고통이 엄습하고, 심지어 마닐라 한국 아카데미 사역을 더 이상 할 수 없게 되는 아픔의 시간이 있었습니다.

묵묵히 예수님처럼 견디는 교장 선생님을 옆에서 보면서 참 하나님의 사람이라고 느꼈습니다. 하지만 학생들의 모범이자 든든한 아버지와 같았던 분이 많은 고통을 겪는 것을 보면서, 함께 사역했던 교사로서 울지 않을 수가 없었습니다. 학생들도 많은 상처를 받았습니다.

선교지에 있는 순수한 선교사 자녀 학교를 책임지고 있던 한국의 한 대형교회의 부정적인 영향력을 바라보며, 영적으로 정신적으로 가장 힘든 시간을 보내야 했습니다. 남편과 함께 밤잠을 설치고 괴로워했던 순간이었습니다.

이후 2016년부터 좀 더 넓은 시야에서 섬길 수 있는 국제 선교사 자녀 학교인 마닐라의 페이스아카데미(FaithAcademy of Manila)로 사역지를 옮기게 되었습니다. 이전에 섬기던 학교에 대한 애정과 상처, 그리고 너무나 낯선 학교 문화에 적응하는 것이 처음에는 정서적으로 쉽지 않았습니다.

그래도 때를 따라 도우시는 지체들을 옆에 보내 주셔서 국적을 막론하고 귀한 기도의 동역을 이루며 은혜로 지금까지 온 것을 주님께 감사드립니다.

감사한 순간도 많았습니다.

하나님의 크신 사역을 위해 나의 삶이 자그마한 순종이 되고, 주님이 부르신 자리에 내 모습 이대로 서 있을 때, 그분이 하시는 사역을 보게 하시고, 함께 누리며 느끼게 하실 때마다 정말 감사가 넘치는 순간임을 고백하지 않을 수 없습니다.

한 가지를 떠올린다면, 사역하고 있는 한마음크리스천교회(OCF)의 한 가정이 개척한 마릴라오 한마음크리스천교회의 일입니다.

개척하고 3년간은 교사가 미흡해 어린이성경학교를 자체 진행하기에 역부족이었습니다. 그래서 전도사를 비롯한 리더 3명이 자원하여 마릴라오교회로 가서 함께 먹고 자면서 성경학교를 진행했습니다.

드디어 3년째 되던 해, 여러모로 성장은 필요했지만, 비록 10대 현지 청소년 교사들이었고, 마릴라오 현지 교사진만으로 어린이성경학교를 개최할 수 있었습니다. 얼마나 장하고 대견스럽고 보람을 느꼈는지 이루 말할 수 없습니다.

또 하나 감사한 일은, 아들이 하나님의 부르심의 길을 따라 회자가 되는 길을 선택하여 걸어가고 있다는 사실입니다.

현재 한마음크리스천교회는 발링가사(퀘존시) 지역에 있으며, 아웃리치지역인 바공바리오(깔라오깐시) 어린이 사역 지역, 마릴라오 지역의 마릴라오 한마음크리스천교회, 무슬림 지역인 파가디안시의 파가디안 한마음크리스천교회, 그리고 이들의 아웃리치 지역인 마틴아오교회, 두뽈교회, 탐블릭교회 등이 함께 사역하고 있습니다.

이 교회들이 더욱 든든하게 세워져 나아갈 수 있도록, 일꾼들이 세워지고, 믿음이 자라며, 경제적으로 영적으로 온전한 자립이 이루어지길 기도하고 있습니다.

발링가사에 위치한 한마음크리스천교회는 아직 교회 대지를 사들이지 못하고 임대 중입니다. 임대한 땅에 예배당을 세운 지 10년이 되었습니다. 주인이 이 대지를 매매하거나 계약 기간이 만료되면, 예배당과 사택을 모두 주인에게 주고 떠나야만 합니다. 그래서 지금 "이 대지를 매입하게 해달라"라고 기도하고 있습니다.

이와 함께 본당 자체를 도서관 카페의 기능을 할 수 있도록 하여, 주중에 어린이들이 교회에 와서 책도 보고 공부도 할 수 있는 공간으로 만들어 지역 사회 섬김과 복음 전파 사역을 도모해 나아가려고 합니다. 이를 위해 현재 도서를 모으고 있습니다.

또한, 마릴라오교회도 너무 협소해 예배당을 확장하고자 현재 기도하며 진행 중입니다. 자립을 위한 방안을 위해 '아름다운 가게'(중고가게)와 'K-카페' 또는 'K-마트' 등의 아이디어를 구상 중이며, 청소년들이 잘 훈련되고 자라서 교회의 든든한 일꾼으로 더욱 자리매김해 나아가기를 소망 가운데 기도하고 있습니다.

민다나오 지역에 있는 파가디안 한마음크리스천교회를 중심으로는 무슬림 어린이들을 복음으로 교육할 수 있는 아카데미를 세우는 일을 위해 준비하며 기도하고 있습니다. 주님께서 적절한 시간에 이를 시작하시고 진행하실 것으로 기대하고 있습니다.

오직 예수 그리스도만 높이며 나아가는 선교사가 되기를, 한마음크리스천교회, 마릴라오 한마음크리스천교회, 바공바리오어린이교회, 민다나오 파가디안교회, 두뿔교회, 마틴나오교회, 탐블릭교회를 통해 필리핀에 하나님의 나라가 확장되는 부흥을 경험하게 되기를,

현지에 세워진 목회자(아리스 전도사, 제이알 전도사, 조조 목사)와 협력 사역자(조수아 전도사, 마리페 전도사, 타타 전도사)들이 부르심을 따라 성령 충만함으로 복음의 열정을 가지고 영혼을 구원하는 교회 사역을 온전히 감당하기를 기도합니다.

  필리핀 현지 교회 리더들이 믿음을 잃지 않고, 예수 그리스도를 향한 신실한 믿음과 말씀으로 무장되어 복음을 전파하는 자들이 되게 하시고, 주님의 일꾼들이 더 많이 세워지고 훈련되기를, 성도들이 어려운 상황 속에서도 믿음을 잃지 않고, 모든 질병과 재정의 어려움에서 벗어나고 능히 이겨냄을 통해 믿음의 간증들이 이어지고, 마침내 많은 백성이 주님 앞에 나아오는 역사가 일어나기를 기도합니다.

  코로나19로 인해 중단된 어린이 사역의 방향을 인도해 주시기를, 교회학교 교사들에게 지혜와 열정을 부어주셔서 지속해서 어린이들이 하나님 나라의 기쁨을 맛볼 수 있는 교육이 이루어지기를, 발링가사 한마음크리스천교회 부지와 마릴라오 한마음교회 확장 용지의 재정을 채워주시고, 민다나오 무슬림 지역에 한마음크리스천학교와 목회자 훈련원 용지를 구매함을 감사드리며, 앞으로 건축을 위한 모든 필요와 재정과 돕는 일꾼을 예비해 주시기를 원합니다.

  팬데믹 상황에서 선교와 복음 전파의 지혜와 사역의 방향을 인도해 주시고, 주님께서 예비하시는 파송교회, 후원교회 후원자, 기도의 동역자들을 만나게 되기를, 신대원에 재학 중인 아들의 학비와 필요한 재정을 채우시고, 현재 교육전도사로 사역하는데 하나님이 주시는 지혜와 사랑과 열정으로 잘 감당하게 해주시기를 위해 기도해 주시길 바랍니다.

필리핀 선교사 자녀 학교에서 공부하는 딸(17세)이 믿음의 딸로 하나님을 기쁘시게 하는 자로 자라나게 하시고, 학업과 진로에 어려움이 없도록 인도해 주시기 원합니다.

남편과 함께 6개월간의 '성경전문강사스쿨과정'을 하나님의 은혜 가운데 잘 마쳤는데, 이 배움이 선교 현장에 잘 적용할 수 있도록 지혜를 주시기를, 하나님의 은혜에 늘 감사하며 나아갈 수 있기를 기도해 주시기를 부탁드립니다.

지난날 선교사로 헌신하기를 처음 서원했던 순간을 기억하며, "일신기독병원을 거쳐 간 동료와 선후배님들에게 일신에서의 좋은 추억들과 좋은 만남을 절대 잊지 말아달라"고 부탁드리고 싶습니다.

때로는 아픔을 가지고 떠났던 분들도 계시고, 일신을 위해 헌신하며 온 삶을 다해 시간과 노력을 받쳤지만 상처받은 분들도 계실 것입니다.

그러나 주님께서 세우시고 이끌어 가시는 일신기독병원의 한 모퉁이에 우리가 함께 할 수 있었다는 것에 감사하며, 하루하루의 삶을 감사와 최선으로 살아가시기를 소망합니다.

우리가 말하지 못할 모든 사정은 하나님은 알고 계십니다.

무엇보다도 추억을 쌓으며 함께 일했던 동료 선후배님들에게 "진심으로 감사하다"라는 말씀을 드리고 싶습니다. 인생 가운데 주님의 마음을 느낄 수 있었던 소중한 만남이었습니다.

저의 감사한 마음이 일신과 세계 곳곳의 일신 출신의 해외 선교 동역자들에게 전해지기를 소망합니다.

188 보내심

땅끝 한 모퉁이, 주님이 보내시고 심어주신 곳에서

변현자 선교사 (아시아 필리핀, Philippines)

시골의 불신 가정에서 자라나 작은 도시 진주에서 고등학교 다녔습니다. 목사님의 딸이었던 짝꿍 친구를 통해 몇 번 교회를 다니다가, 간호대학을 다니면서 한국대학생선교회(CCC)를 통해 주님을 깊이 알아가게 되었습니다.

대학을 졸업한 후에 진로를 위해 기도하다가, 일신기독병원에 간호 조산사 코스가 있다는 정보를 알게 되었고, 1983년 60기로 입학하게 되었습니다.

주님의 인도하심으로 일신 조산사 수련 과정을 통해 점점 기독교에 대한 호기심과 성경 공부에 관심을 끌게 되었지만, 대학 때의 믿음이 깊이 뿌리를 내리지 못한 상태였습니다.

당시 매 주일 교회로 초청해 주셨던 권사님, 그리고 간절한 기도와 관심을 보여 주셨던 목사님이 계셨지만, 막연한 얽매임과 두려움으로 마음을 활짝 열지 못했습니다. 하지만 주님은 여러 사람을 통해 천사들을 보내셔서 끈질기게 저를 초청하셨습니다.

1년의 조산사 훈련이 끝난 후, 주님의 계획 속에 일신에서 수간호사로 근무하게 되었는데, 단짝 친구와 작은 일로 오해가 생겨 관계에 금이 가고 서로 갈등 가운데 있게 되었습니다.

그때 문득 이런 생각이 스치고 지나가면서 여러 가지 회의가 들었습니다.

이 세상에 정말 진정한 행복이 있을까?

이런 생각이 스치고 지나가면서 여러 가지 회의가 들었습니다.
그때 분만실, 또는 병실 구석구석에서 믿음의 친구들이 모여 자기들끼리 모여 이렇게 간증하는 모습을 봤습니다.

주님이 이렇게 응답해 주셨다.
주님이 저렇게 응답해 주셨다.

그리고 저는 "하나님께서 정말 살아 계신다면, 내가 한 번 찾아보겠다"는 마음이 생겼고, 친구와의 갈등으로 외롭고 쓸쓸해진 마음을 가다듬으며 그날부터 성경을 읽기 시작했습니다.

또한, 기도했습니다.

하나님!
세상에 행복은 어디에 있는지 보여 주세요.

이처럼 기도하며 더듬더듬 하나님을 찾아 나섰던 겁니다.

마음이 극히 갈급하고 허전하여, 병원의 아침 예배와 교회 모든 예배를 참석하며 주님의 마음으로 조금씩 채워가기 시작했습니다.

> 내가 너희에게 이르노니 이와 같이 죄인 한 사람이 회개하면 하늘에서는 회개할 것 없는 의인 아흔아홉으로 말미암아 기뻐하는 것보다 더하리라(눅 15:7).

이 말씀을 통해 주님께서 찾아와 주셨고, 폭포수 같은 눈물을 흘리며 주님의 부르심에 감격하게 되었습니다.

그때부터 저는 "말씀이 꿀송이처럼 달다"라는 말씀을 실감하게 되었는데, 밤낮과 휴일에도 밤을 꼬박 새워가며 성경을 읽고, 또 읽어 내려갔습니다.

어느 날 성경을 읽다가 책상에 엎드려 잠이 들었는데, 기이한 꿈을 꾸었습니다. 제가 침대에 누워 있는데 갑자기 내 몸에서 영혼이 빠져나가더니, 한참 동안 하늘 위를 계단처럼 걸어서 높이 올라갔던 겁니다.

그런데 그곳에 어떤 흰옷을 입은 분이 인자한 미소를 지으며 석양의 노을빛에 문을 열고 기다리고 있었습니다. 그리고 저를 보자마자 말씀하셨습니다.

너는 세상에서 너무 많은 상처를 입었구나.

그러고는 크림 같은 연고를 꺼내어 제 얼굴에 발라주었는데, 순식간에 상처는 다 치유되었고, 저녁노을빛이 아름다운 식탁으로 초대해 주셨습니다.

맛있는 음식과 온갖 과일이 가득한 식탁에 그분과 둘이 앉아 있는데 갑자기 내 영혼이 침대에 누워 있는 내 육체 속으로 되돌아오면서 따뜻한 빛이 높은 곳에서 침대 위를 한동안 비추는 것을 보다가 꿈을 깼습니다. 참 신기하고 놀라운 체험이었습니다.

그때부터 삶이 완전히 바뀌기 시작했습니다. 24시간 예수님과의 스케줄로 행복해지고 바빠지기 시작했습니다. CCC의 순모임과 예배, 교회의 새벽 기도회를 포함한 모든 공식 예배 참석과 병원 내의 기도회와 병실 찬양 대회 등에 모두 참석했습니다.

휴일에는 전도지 200장씩을 들고 혼자 '길거리 전도'를 했고, 각종 부흥 집회에 참석하며, 주님의 계획 속에 '속성성경훈련반'에 참석하게 되었습니다.

목마른 사슴이 시냇물을 찾기에 갈급함 같이 모든 예배를 통해 눈물을 흘리며 감동했고, '아멘'으로 화답하며 주님과 깊은 사랑에 빠져들었습니다.

그래서 밤이나 낮이나 주님을 사모하며, '인생을 주님께 드려 주님의 기쁨이 될 것이다'라고 결심하게 되었습니다. 하나님의 말씀을 주야로 묵상하며 세상의 그 무엇과도 바꿀 수 없는 주님의 기쁨이 저를 사로잡았습니다.

1952년에 매혜란과 매혜영 자매 호주 의료 선교사님이 시작한 작은 일신부인병원이 그리스도의 정신을 이어받아 지금도 사랑의 빛을 비추고 있습니다. 제가 근무할 때는 민보은 선생님(Dr. Barbara Martin)과 함께 근무할 수 있는 특권을 주님이 허락해 주셨습니다.

언제나 아침 햇살처럼 상냥한 미소와 친절로 빈틈없이 환자를 돌보시고, 저희가 실수할 때는 엄한 꾸지람도 하셨던 민 선생님의 삶을 곁에서 볼 수 있었던 것이 영광이었고, 주님이 주신 값진 선물이었습니다.

일신에서 배웠던 간호 의료 사역이 병원과 약국이 없는 선교지를 위해 얼마나 유용하게 쓰였는지 모릅니다. 무슨 일을 당할 때마다 민 선생님과 오늘날 저를 있게 해주신 많은 선배 선생님의 가르침과 원칙과 사랑이 큰 도움이 되었습니다.

불신 가정에서 자라나 혼자 예수님을 믿었지만, '주님의 기쁨이 될 것이다'라는 것이 제 인생의 좌우명이었습니다.

하지만 믿음의 시간이 너무 짧아 선교사로 헌신한다는 것에 내해서는 많은 두려움과 망설임이 있었습니다.

선교사로 헌신한 남편을 중매로 만나게 되었을 때, "과연 내가 선교사로 잘 해낼 수 있을까?"

이런 마음에 부담감도 있었지만, 금식하며 기도할 때 하나님은 이 말슴을 제게 주셨습니다.

> 주의 여종이오니 말씀대로 내게 이루어지이다(눅 1:38중).

> 여호와의 말씀이니라 너희를 향한 나의 생각을 내가 아나니 평안이요 재앙이 아니니라 너희에게 미래와 희망을 주는 것이니라(렘 29:11).

이 말씀에 순종하여 결혼하게 되었습니다. 남편이 오랫동안 기도해 오던 첫 선교지 중국 길림성으로 1991년 WEC 국제선교회를 통해 들어갔습니다. 영국에서 2년간의 언어 훈련, 선교 훈련, 타 문화권 훈련 등을 한 후에 홍콩에서 합류하여, 철의 장막인 중국으로 1993년 8월에 입국하게 된 것입니다.

지금부터 30년 전, 당시의 중국 경제 사정은 음식을 구하기 어려울 정도로 어려웠습니다. 16개월 된 첫째 딸 영언이와 4개월 된 신희, 어린 두 남매의 손을 잡고 겨울이면 영하 30도인 빙하의 땅에 도착했는데, 석탄 난방이 되지 않아 추위를 이겨내기가 너무나 어려웠습니다.

먹을 것을 구하기가 쉽지 않았고, 강추위와 폭설 속에 중고 자전거를 타고 빙판길에 넘어지고 자빠지면서 끝없는 만주벌판을 다니며 복음의 씨앗을 기쁨으로 뿌리기 시작했습니다.

공산주의에 물든 이들에게 복음 전도는, 마치 해산의 고통처럼 힘들었지만, 한 사람 한 사람이 주님을 영접하는 모습을 보게 될 때면, 겪는 모든 고난이 눈처럼 녹아버리고, 그 기쁨은 세상 무엇과도 바꿀 수 없었습니다.

선교지에서 가장 힘들었던 순간도 여러 번입니다.

영하 30도의 폭설과 추위 속에 어린 두 자녀가 편도선이 붓고 열이 40도를 넘는데도 의사를 찾을 수 없고, 약을 구할 수도 없었습니다. 아이들이 열경기를 하며 무의식에 빠졌을 때, 울며불며 기도했고 부르짖었습니다.

하나님!
우리 아이들이 여기서 죽으면 나 선교 못해요.

그러나 주님께서 생명줄을 잡고 계셨습니다.
4개월 된 어린 신희는 풍토병으로 물이 맞지 않아 하루에 설사를 열 번도 넘게 하는 생명의 위기 속에 있기도 했습니다.
그렇지만, 감사하게도 주님의 계획 속에 8년을 첫 선교지 중국 길림성의 대학 캠퍼스, 중국 현지인, 북한, 성경 공부, 지하 교회 개척 등의 사역으로 많은 열매를 맺게 해주셨습니다.
특히, 남호교회는 지금도 많은 지교회를 개척하여 약 일천 명의 교회로 부흥하고 있습니다.
눈 속을 자전거로 달릴 때, 복음이 도무지 자라나지 않은 듯해 늘 안타까웠지만, 어느덧 복음에 씨앗은 자리니 열매 맺고 꽃을 피워 낸 모습을 봅니다.
이후 10년은 두 번째 사역지인 남쪽의 사천성으로 옮겨 신발공장 노동자 성경 공부와 대학생 전도에 집중했습니다. 신발공장 밀집 지역에서 수백 명의 청년이 세례를 받고 주님을 영접했습니다.
그러나 중국에서 사역이 길어짐에 따라 중국 공안국의 감시와 심문도 점점 너무나 심해졌습니다.
결국, 18년의 중국 사역을 접고, 주님의 새로운 계획을 따라 2011년부터 현재까지 세 번째 사역지인 필리핀 리잘주의 따이따이시, 안티폴로시, 까인따시 등 3개 도시의 경계 지역에서 7개 지역 빈민가를 중심으로 사역하고 있습니다. 산속에서, 계곡을 따라서, 산기슭에서 삶의 터전을 잡고 하루하루 삶을 영위하고 있는 가난에 찌든 이들에게 산 소망이 된 예수님을 전파하고 있습니다.

대부분의 사역지에는 교회 건물도 없고, 현지인들은 일거리가 없어 배고픔 속에 하루하루를 보내고 있지만, 아무런 꿈도 없는 그들을 위해 성경 쓰기, 읽고 암송하기, 예배 후 밥퍼 사역, 엄마들의 성경공부, 청소년 훈련 등의 사역을 진행하여 현재 7개 빈민 사역지에 약 8백 명의 성도님들을 섬기게 되었습니다.

선교사들이 가장 보람된 일은, 온 힘을 쏟아부어 기도하던 한 영혼이 주님을 영접하게 된 때입니다. 그 순간에는 마치 천국의 모든 종이 힘차게 울리는 것 같은 기쁨을 느낍니다. 정말 세상의 그 무엇보다도 비교할 수 없는 큰 기쁨입니다.

이 모든 일들의 출발지라고 할 수 있는 일신기독병원은 제 가슴에 남아있는 '엄마의 품 같은 곳'입니다. 선교지에 있지만, 늘 그립고 보고 싶습니다.

일신기독병원은 사랑하는 주님이 저의 삶에 수놓아 주신 영롱한 무지개와 같고, 빛나는 보석상자 같은 장소입니다. 언제라도 달려가면, 저의 고충, 저의 눈물, 저의 마음을 다 들어주고, 알아주고, 이해하여 줄 것 같습니다. 일신 선후배님들의 기도와 사랑 속에 힘겨운 선교의 길을 30년 동안 걸어올 수 있었고, 견디어 낼 수 있었습니다.

원장님과 부원장님, 목사님, 전도사님, 모든 선후배님 사랑의 기도 속에 제가 있었습니다. 미숙한 저를 품고 낳아 주신 일신 가족 모든 여러분께 영원히 감사드립니다.

이제 좌천동 일신에서 "화명 일신, 맥켄지 일신, 정관 일신으로 점점 더 지경을 넓혀 가고 있다"라는 소식은 저의 큰 기쁨입니다. 한국을 다녀갈 때마다 일신의 향수가 그리워 병원을 방문해, 식당의 음식도 먹어보면서, 사랑을 재충전하고는 합니다.

이제 남은 생애 동안, 호주 선교사님들의 사랑을 이어받은 복음의 파수꾼이 되어, 땅의 끝에서, 한 모퉁이에서, 주님의 보내시고 심어주신 선교지에서 최선을 다해 복음의 열매를 맺는 충성스러운 일꾼으로 살아가려고 합니다.

모든 일신의 가족들과 함께 동역하며, 하나님께서 예비하신 면류관을 향해 달려가기를 소망하고 있습니다.

변현자 선교사 부부

마을 전도

밥 퍼 사역

찬양과 율동

이때를 위함이 아닌지 누가 알겠느냐

홍정숙 선교사 (아시아 중국, China)

일신기독병원에서의 삶을 돌아보면 감사한 고백과 함께 행복했던 기억들로 마음이 따뜻해집니다.

좋은 사람, 좋은 만남, 좋은 일들이 있었습니다.

일신기독병원을 알게 된 것은 학교 선배님들을 통해서였습니다. 간호대학 재학 중 진로 고민을 하고 있을 때 조산사에 대해 듣게 되었습니다. 간호과를 원해서 들어왔지만, 공부와 실습을 하면서 일반 병동 간호사의 삶에 대해서는 솔직히 자신이 없었습니다.

그래도 산모와 신생아, 그리고 여성들의 삶을 대할 수 있는 조산사의 길에는 매력을 느꼈습니다. 여러 선배님도 그 길을 가고 있었기에 안심이 되었고, 기독교인이었기 때문에 일신기독병원에 신뢰가 갔습니다.

하지만 집이 청주이다 보니, 부산에 혼자 거주하는 것에 대해 부모님의 걱정과 반대가 있었습니다. 다행히 "기숙사 생활을 하고, 고향 선배님들이 있다"라는 말을 들으시고 허락해주셨습니다.

간호대를 졸업하고 일신기독병원에서 조산사 수료 과정을 밟게 되었습니다.

일신기독병원에서 다양한 이유와 사연으로 조산사의 삶을 살겠다고 공부하는 많은 동료를 만났습니다. 같은 마음을 품고 있다는 동질감이 기쁘게 느껴졌습니다.

기숙사 생활, 병원 근무, 조산 강의를 함께 받으면서 1년 동안의 조산사 수련생으로의 새로운 삶을 시작했습니다.

분만실에서 새로운 생명이 태어날 때의 경이로움은 아직도 잊을 수가 없습니다. 한 생명에 대한 하나님의 섭리가 얼마나 신비로웠는지 모릅니다. 저 역시도 가정 분만을 통하여 세 아이의 엄마가 되었기에, 그때의 산모들이 느꼈던 고통의 터널을 건너가 보았습니다. 산고의 순간에 함께 곁에 있어 줄 수 있다는 것이 얼마나 큰 위로와 힘이 되는지 알고 있습니다.

조산사 수련의 길은 기쁨과 가치가 있었지만, 병원 근무와 수업을 병행하기는 쉽지 않았습니다. 특히 밤 근무 때의 피곤함과 졸림은 정말로 견디기 어려웠습니다. 때로는 너무나 졸린 나머지 화장실에서 졸기까지 했습니다.

지금 생각해 보니 그 당시 산모들이 참으로 많았고, 많은 아이가 태어났었습니다. 분만실, 신생아실, 산모 병실, 소아·청소년과 병동 모두가 항상 바쁘게 움직여졌고, 활기차게 돌아갔습니다.

쉽지 않았던 시간 속에 함께했던 동료들이 있었고, 선배 조산사 선생님들의 격려가 있었습니다. 그리고 무엇보다도 예수님이 곁에 계셨습니다.

갓 대학을 졸업하고 사회에 나온 신입생에게는 모든 것이 낯설고 어려웠고, 매일 병원 현장에는 감당해야 할 많은 일들이 있었습니다. 그때 저의 마음을 잡아주었던 것이 '신앙'이었습니다. 신기조 목사님과의 성경 공부, 매주 병실찬양팀과 함께하는 병실 전도는 환우들에게도 힘이 되었지만, 그 무엇보다도 저에게 큰 힘이 되었습니다.

1994년 1년간의 훈련을 마치고 조산사가 되어 병원에 남아 소아과 병동에서 근무하게 되었습니다. 조산사 수료 과정 학생으로서의 병원 생활과 정식 조산사로서의 병원 생활은 또 달랐습니다. 아픈 아이들을 돌보며 점점 병원 생활에 적응해 갔습니다.

이후 일신기독병원을 떠나 고향 청주의 충북대병원에서 내과, 산부인과 분만실 등에서 근무했습니다. 일신기독병원에 있을 때는 몰랐는데 다른 병원에서 근무하다 보니 일신기독병원에서의 경험이 많은 도움이 되었고, 인정받을 수 있어서 저의 자부심이 되었습니다. 또한, 병원에 일신 동문이 있어 힘도 되고, 마음도 나눌 수 있었습니다.

충북대병원을 사직한 후, 조산사로서의 삶을 살고 싶어 '출산준비교실'을 열어 산모 교육을 했고, 부천에 있는 열린가족조산원에 근무했습니다. 자연분만을 유도하는 조산원에서는 산모 교육, 체조, 신생아, 모유 수유, 산후조리까지 배울 수 있었습니다. 조산사로서 산모와 함께하는 삶이 좋았습니다.

그런데 하나님은 결혼을 통해 저를 다른 삶으로 부르셨습니다.

당시 강도사였던 남편은 중국 선교를 준비하고 있었습니다. 남편과 함께하는 선교의 삶을 선택한다는 것은 정말 쉽지 않은 결정이었습니다. 그리고 평소에 나는 '보내는' 선교사였지, 직접 선교지로 '가는' 선교사가 되리라고는 전혀 생각하지 않았기 때문입니다.

그러나 하나님은 제가 결단하도록 도우셨고, 결혼 1달 만에 중국 천진으로 들어갔고, 남편은 어린이 신학교에서 강의로 섬기기 시작했습니다. 중국어를 전혀 하지 못하는 상태로 남편을 따라 들어갔기에, 졸지에 낯선 세상에서 바보가 되어버린 느낌이었습니다.

당시의 '망막함'이란 지금 생각해도 아찔합니다. 집 앞 노점상에서 돈을 계산할 수가 없어서 물건을 사고 손에다 돈을 내어 주면 주인이 계산하고 거스름을 돌려주었습니다.

이렇게 다사다난한 중국 천진에서의 정착이 이루어지는 동안, 남편과 저는 중국 선교에 대한 하나님의 부르심을 확신하게 되었습니다.

총회세계선교회(GMS)에서 선교 훈련을 받은 후, 2008년 7월에 수원에 있는 한 교회의 파송 선교사로 중국 북경에 들어갔습니다.

중국어를 공부하면서 남편은 중국 총회신학교 사역을 감당했습니다. 저희는 팀사역으로 여섯 가정을 섬겼는데, 총회신학교는 중국 각 지역에 계신 한국 선교사님들로부터 훈련과 추천을 받아 온 현지인들에게 신학 교육을 통해 사역자들을 배출하는 것이었습니다.

중국은 공산국가이기 때문에 늘 조심해야 했습니다. 잘못해서 신분이 노출되기라도 하면 추방당하기 때문에 항상 조심하고 또 조심했습니다. "목사님"이라고 부르지 못해 "선생님"이라고 불렀고, 말도 자유롭게 할 수 없었습니다.

아이들에게도 부모의 신분을 절대 말하지 않도록 당부했습니다. 사모님들은 사역에 직접 참여하지 않았고, 언어를 배우고 가정을 돌보면서 선교사되는 남편들의 신학교 사역을 간접적으로 도우며 기도했습니다. 남편이 어디에서 사역하는지도 알 수 없었습니다. 혹시 경찰에 붙잡히더라도 모르게 만든 것입니다.

그렇게 북경에서의 언어 연수와 중국총회신학교를 섬기다가 파송교회와 상의한 후, 2011년 셋째 아이가 백일이 되었을 무렵, 중국 신장 우루무치로 이동하게 되었습니다. 신장은 중국 서북쪽 끝 위구르족 자치구이고, 중앙아시아와 연결된 사막 기후를 가지고 있는 오아시스에 건설된 도시이며, 오래전 실크로드가 지나갔던 곳입니다.

소수민족인 위구르족이 다수 살고 있고, 분쟁의 조짐이 항상 있는 곳이었기에 중국 정부의 경계가 엄청 삼엄한 곳이었습니다. 폭동이 일어나면 그 자리에서 실탄을 발사할 수 있었고, 폭동을 대비한 바리게이트가 관공서를 비롯해 도시 곳곳에 설치되어 있었습니다.

그곳의 사람들은 눈빛부터가 달라 보였습니다. 위험하고, 억울하고, 힘이 없고, 가난하고, 우리의 일제강점기 시대와 정말 비슷한 곳이었습니다.

서북 끝의 외진 곳이었지만, 위구르족을 섬기기 위한 선교사님들이 많았고, 지리적으로 중앙아시아와 연결되는 곳이었기에 선교의 거점 도시로 중요한 역할을 하는 곳이었습니다.

상황은 삼엄하고 어렵다 보니 선교사님들은 초교파로 모였고, 정보를 나누고 서로의 삶을 도와주었습니다. 위구르족을 가장 많이 섬겼고 그 외의 소수민족들을 섬기는 사역들을 하셨습니다.

저희는 중국 서안에서 성경학교 사역을 하시다가 이동해 오시는 분들과 우루무치에서 사역을 하고 계셨던 선교사님들과 함께 일곱 가정이 한 팀이 되어 중국 한족을 대상으로 성경학교를 시작했습니다.

비록 교육을 받는 학생은 많지 않았고, 숨어서 조심스럽게 소수로 교육해야 했지만, 말씀으로 든든히 서가는 학생들을 보는 것은 무엇보다 큰 기쁨이었고, 하나님의 선교에 저희 가정과 속해 있는 팀이 도구로 쓰임 받고 있다는 사실이 정말 감사했습니다. 교육받은 한족 분들이 위구르족을 비롯한 소수민족들을 주님의 사랑으로 섬길 수 있기를 간절히 주님께 기도했습니다.

잊을 수 없는 일이 있었습니다. 이곳에서 만난 선교사님 가정의 사모님이 세 번째 아이를 임신한 상황이었습니다. 그동안의 경험을 통해 중국의 병원 환경을 잘 알고 있었기에 순산을 위해 기도하던 중, 저의 결혼 전 신분이 조산사였다는 것을 알고는 저에게 어렵게 부탁하였습니다. 그 부탁은 "가정에서 출산하고 싶은데 도와달라"는 것이었습니다.

저는 고민과 걱정이 많이 되었습니다. 혹시 발생할 수 있는 출산의 어려움이 먼저 생각났기 때문입니다. 남편과 함께 기도하며 고민할 때 하나님께서 에스더에게 주셨던 말씀을 통해 응답을 받았습니다.

네가 왕후의 자리를 얻은 것이 이 때를 위함이 아닌지 누가 알겠느냐(에 4:14하).

이를 통해 응답받은 후 그분들의 출산을 돕게 되었습니다. 산모가 건강하고 기도로 준비하신 분들이었지만, 저는 긴장을 많이 했습니다.

그러나 정말 감사하게도 주님의 은혜로 선교지에서 무사히 소중한 한 생명이 태어날 수 있었습니다. 모든 과정이 그저 감사할 뿐이었습니다. 그 어린 생명의 출생은 선교지에 큰 기쁨이 되었습니다. 저도 얼마나 뿌듯했는지 모릅니다. 제가 조산사로서 선교지에서 이렇게 쓰임 받을 것이라고는 전혀 생각해 보지 않았기 때문입니다.

저희 가정은 우루무치에서 성경학교 사역을 계속했습니다. 그런데 2018년 초 국내의 한 선교 단체로 인한 사건이 발생했고, 이에 따라 선교사들이 중국 당국으로부터 중국 전역에서 한날한시에 추방을 당하는 상황이 발생했습니다.

이 영향으로 우루무치에 있는 다른 선교사들도 비자를 받지 못해 떠나야 하는 상황이 되었습니다. 그때 저희는 함께 사역하던 한 가정과 함께 란주로 이동했고, 그곳에 계신 선교사님들과 함께 성경학교 사역을 이어갈 수 있었습니다.

우루무치에서 함께 이동해 온 학생들은 성경학교 교육 과정을 다 마친 후 돌아가도록 했고, 란주 지역 현지인들을 모집해 공부를 계속했습니다.

란주사범대학교에서 제가 중국어 공부를 하면서, 남편과 세 아이의 비자를 받고 생활했습니다. 란주는 감숙성에 속한 도시로, 신장보다 남쪽에 있었습니다.

또한, 사막기후로 푸른 나무를 보기 힘든 황량한 황토의 땅으로 도시 중앙으로 붉은 황하가 흐르고 있는 도시입니다. 황하 강변은 많은 사람에게 쉼과 휴식을 해주었습니다. 우리 가족도 황하 강변을 함께 걸으며 운동하기도 했습니다.

이곳에도 복음에 목마른 사람들이 기다리고 있었습니다. 소규모 가정 교회 교인들은 정부의 종교 탄압과 이단들의 많은 미혹 속에서도 신앙을 지키기 위해 바른 복음과 참된 말씀에 대한 목마름이 있었고, 남편이 사역하는 성경학교를 통해 은혜를 받으며 갈급함을 채워 나갔습니다. 여전히 성경공부 학교는 소수로 조심스럽게 운영되었습니다. 그래도 돌아보면 그 순간이 참 감사했던 시기였습니다.

그런데 2020년 코로나19가 발생하면서 모든 것이 변하기 시작했습니다. 코로나19가 발생하면 확진자 동선을 확인해야 했기 때문에 활동에 절대적인 제약이 있었고, 외국인인 저희는 더욱 어려운 상황이 되었습니다. 마음대로 움직이거나 돌아다닐 수 없었습니다. 란주에 코로나19가 발생할 때마다 도시는 봉쇄되었고, 성경학교는 중단되었습니다.

도시가 봉쇄되면 학교는 물론이고 모든 공공시설과 기관 등 도시 전체가 멈췄습니다. 그 많던 사람들이 모두 어디로 사라졌는지 놀라웠고, 코로나19 검사를 할 때나 여기가 사람들이 사는 곳임을 느낄 수 있었습니다.

저희는 각자의 처소에서 기도하며 코로나19가 속히 좋아지기를 기다렸습니다.

2022년 7월, 다니고 있던 사범대학교에서 "더 이상 언어 연수로는 비자 발급이 안 된다"라는 통보를 받았습니다. 중국 정부가 내지에 있는 선교사들을 내보낼 것이라는 소문은 계속 무성했지만, 그래도 란주에서는 학생 비자를 받을 수 있었는데, 결국 비자를 주지 않기로 란주 당국도 결정한 것이었습니다.

할 수 없이 우리 가족도 중국에서의 사역을 접고 철수를 결정했습니다. 한국으로 돌아올 준비를 하던 중, 코로나19가 다시 발생하면서, 살고 있던 아파트를 비롯해 도시 전체가 봉쇄되어 한 발도 나올 수가 없었습니다.

항공편이 두 번이나 취소되고 난 후에야 8월 5일 겨우 란주를 떠나는 비행기에 탑승할 수 있었습니다.

이렇게 해서 10여 년 넘게 사역해 오던 중국을 종단하게 되었습니다. 지금은 거제도의 파송 교회에서 사역하고 있습니다. 한국 사람인데 한국이 낯선 곳이 되었고, '한국에 있다'는 사실에 때로는 스스로 놀라곤 합니다.

선교사의 삶은 '나그네 인생'인 것을 마음에 새기며, 허락해주신 한국에서의 한시적인 시간을 감사한 마음으로 보내고 있습니다. 중국에서 돌아온 후, 저희를 향한 하나님의 계획을 알기 위해 기도하고 있습니다. 중국이 다시 열리길 기다리면서, 다양한 방법을 찾고 있습니다.

저희가 들어오기를 기다리고 있는 분들이 계십니다. 지금은 중국을 향한 하나님의 뜻이 어디에 있는지 잠잠히 기다리며, 하나님의 인도하심을 구하고 있습니다.

6·25전쟁 시기에 호주에서 온 두 분의 여성 의료 선교사님들이 세우신 일신기독병원에 몸담고 있었고, 병원을 떠나 선교 현장에서 사역한 후 돌아와 보니, 병원을 설립하신 매혜란과 매혜영 자매 선교사님들의 삶을 더 가까이 느끼게 됩니다.

선교사로서 그 삶이 절대 순탄치 않았겠지만, 주님의 부르심에 순종함으로 일신기독병원이 세워지고, 주님께서는 그분들을 통해 수많은 선교의 열매를 맺으셨습니다. 그 열매 중에 부족한 저도 포함된다는 사실에 그저 감사할 뿐입니다.

얼마 전에 신기조 목사님을 만나기 위해 아는 선생님과 정말 오랜만에 일신기독병원에 갔습니다. 오래전 제가 생활했던 기숙사, 걸어 다녔던 좁을 골목들, 총총걸음으로 바삐 움직여 다니던 병원 주변 길, 예배의 장소였던 부산진교회, 병원 원목실 등을 보면서 마치 따뜻한 고향 집에 온 것 같았습니다.

병원은 알아보지 못할 정도로 많이 변한 모습이었습니다. 예전의 흔적이 남아있는 곳과 함께 사라진 곳도 있었습니다.

선교사님들에 의해 세워진 병원, 그리고 지금은 많은 해외 선교사가 배출된 일신기독병원을 지키고 계신 분들을 사랑하고 축복합니다.

하나님께서 여러분을 통해 더 많은 열매를 계속 열리도록 인도하시리라 믿습니다.

홍정숙 선교사 가족

은혜로 살아가는 행복한 선교사

신기조 선교사 (아시아 캄보디아, Cambodia)

간호대를 졸업한 후, 준종합병원에서 1년 가까이 근무하다가 충청북도 양호교사 순위 고사에 합격했고, 음성군 생극초등학교로 첫 발령을 받았습니다.

양호교사로 근무하던 중 연탄가스중독으로 거의 죽었다가 살아났는데, 살아난 것이 아니라 하나님께서 살려주셨다고 믿었습니다.

이 일을 겪은 후, 학교보다는 병원 사역으로 돌아가고 싶은 마음이 많이 생겼습니다. 병원에서 환자들을 돕고, 그들이 회복되어 기쁘게 퇴원하던 모습들이 계속 생각났습니다.

결국, 병원으로 돌아가기로 했고, 한국대학생선교회(CCC) 후배를 통해 알게 된 부산 일신부인병원에 조산 교육을 받으러 가기로 결심했습니다.

1979년 11월에 50기로 들어갔는데, 당시 조산 교육받으려는 간호사 지원자들이 많았습니다. 만약 신입생들과 함께 시험을 봐야 한다면 자신이 없었습니다.

원서를 넣으면서 "만약 합격시켜 주시면 하나님께서 조산 교육받는 것을 허락하시는 것으로 알겠다"라고 기도했습니다. 마침내 합격 통보를 받고 학교를 사직하고 일신으로 오게 되었습니다.

일신기독병원에서의 생활은 조산 교육을 받던 시기, 조산 간호사로 일하던 시기, 그리고 원목실에서 원목으로 사역하던 시기로 나눌 수 있습니다.

조산 교육을 받던 때는 마냥 즐겁게 일할 수 있었습니다. 배우는 기간이기에 별로 힘들다고 생각하지 않았습니다. 많은 이들이 교육 기관이 힘들다고 했지만, 다행히 어렵지 않게 교육 기간을 마칠 수 있었습니다.

조산 교육을 마치고 조산 간호사로 근무하게 되었을 때는 3-5년 정도만 근무하고 퇴직하려 했지만, 생각보다 훨씬 오래 근무하게 되었습니다.

일신에서의 신앙생활은 목사와 선교사로의 부름을 받기 위한 훈련의 시간이었습니다. 일신기독병원에 대해 잘 알지 못했지만, 병원을 위해 기도하라는 하나님의 명령에 따라 열심히 기도했습니다. 병원에 대한 이런저런 부정적인 이야기가 많이 들려왔지만 내가 해야 할 일은 기도라고 생각하며 기도에 집중했습니다.

그러던 중, "새로운 원장님이 오신다"라는 이야기를 듣고, "기도하는 원장님을 보내달라"라고 기도했습니다. 그때 오신 분이 박경화 원장님입니다.

"기도하는 원장님 보내달라"라고 간구했는데, 원장님이 장로님이라는 것을 알고 너무나 감사한 마음이었습니다.

원장님이 오신 지 얼마 되지 않은 때에 간호부장님과 행정부장님으로부터 원목실에서 일해 볼 것을 제안받았습니다. "이전에는 외부에서 전도사님을 모셨는데, 이번에는 원내에서 기용해보기로 했다"라는 것이었습니다.

전혀 생각지도 못한 일이었습니다. '나는 원목실과는 아무런 관계가 없다'라고 생각하여 '그냥 예수 믿는 간호사로서 신앙생활을 하면 된다'라고 생각했기 때문입니다.

그러나 이것은 결국 본격적인 '부르심의 시작'이었습니다.

1986년 10월 말 5층 병동 밤 근무를 마지막으로, 조산 간호사가 아닌 원목실 사역을 시작했습니다. 행정 부원장님께서는 "3개월 동안 사역해 보고, 만약 더 하기 어렵다면 다시 간호사업부에서 일하게 해 주시겠다"라고 약속하셨습니다.

신학도 하지 않은 상태에서 원목실 사역을 바로 시작할 수 있었던 것은 대학 시절 CCC에서 훈련을 받았기에 가능한 일이었습니다. 지금 생각해도 신학도 하지 않은 상태에서 겁 없이 원목실 사역을 시작했던 것 같습니다.

원목실 사역을 하면서 '신학을 해야겠다'라는 생각이 들어서 부산장신대에 편입해 신학 수업을 시작했습니다. 일신에 오기 전 '부산에 가면 순모임을 하지 않겠다고 기도했던 것에 대한 응답이 신학 공부였을지도 모른다'라고 생각합니다.

'단지 선교 단체의 일원으로 남는 것이 아니라, 신학을 공부하고 하나님께서 원하시는 일을 준비시키시기 위함이었다'라는 생각도 듭니다.

원목으로서 병원 내 직원 예배, 주일 예배, 매일 진행되던 병실 예배를 인도해야 했습니다. 매주 목요일은 외래 직원들이 퇴근 후에 예배실에 함께 모여 병실 찬양을 위한 연습을 했습니다. 환자들을 방문해 기도해 주고, 복음을 전하고, 신생아들을 위하여 날마다 기도하는 행복한 시간이었습니다.

게다가 직원들과 함께하는 성경 공부와 기도회는 은혜의 시간이었습니다. 또한, 직원들과 함께 선교를 위한 바자회를 하고, 해외로 단기 선교를 가는 등의 일들은 전혀 생각조차 못 했던 전적인 하나님의 은혜였습니다.

하나님의 인도하심으로 부산장신대와 방송통신대 행정학과를 졸업하고, 장로회신학대 목회연구과정을 마친 후 목사 안수를 받았습니다. 그리고 계명대학교에서 신학 석사와 박사 과정을 수학할 기회도 가질 수 있었습니다.

일신기독병원에 와서 조산 교육을 받고, 간호사업부에서 7년, 원목실에서 전도사로 12년, 그리고 목사로 10년, 총 29년 동안 사역했습니다.

지금도 함께 사역하던 직원들을 만나거나 연락을 하게 되면, 병원에서 함께 사역했던 행복한 시간을 함께 나누곤 합니다. 지금은 모두 하나님께서 인도하신 곳을 선교지로 삼고 충성스러운 삶을 살고 있으리라 믿으며 감사드리고 있습니다.

30여 년의 사역을 마친 후, 때가 되매 하나님께서는 전혀 생각지도 못했던 '선교의 길'로 저를 인도하셨습니다.

원목실에서 사역하는 동안 많은 선교사가 선교지로 출발하기 전 인사차 들렀을 때, "가서 선교 잘하고 있으면 적당한 때에 심방을 가겠다"라고 약속했었는데, 이제는 나의 선교를 마무리하면서, 약속했던 일신 출신 선교사들을 위한 심방을 실행에 옮길 때가 된 것 같습니다.

생각해 보면 제게도 해외 선교를 결심하게 된 계기가 있었습니다. 간호대를 다닐 때 CCC 수련회에서 김준곤 목사님을 통해 해외 선교에 대한 초청이 있었습니다. 모두가 일어서는데 난 맨 나중에 일어섰습니다.

그리고 친구들과 말하기를 "나는 김치를 먹어야 하니, 해외는 친구들이 다녀와, 나는 집을 볼게"라고 말하곤 했었습니다.

그래서일까요?

일신에서 근무하면서 많은 간호사가 선교 현장으로 떠나는 것을 많은 사람이 지켜보게 되었습니다. 그리고 이에 따라 늘 빚진 자의 마음을 갖고 있었습니다.

호주 선교사님들을 통해 설립되고 복음을 받은 우리 병원, 그리고 여기서 사역하는 나는 어떻게 그 빚을 갚아야 할지 생각했습니다.

돌아보면 하나님의 인도하심이 아니었다면 결코 선교사로 나설 수 없었을 것입니다. 언어에 대한 부담도 컸습니다. 그러나 감히 엄두조차 못 내던 나에게, 하나님께서 직접 개입하시고 상황을 만드시면서, 결국 해외 선교에 동참하게 하셨습니다. 이는 하나님의 은혜라고밖에 설명할 수 없습니다.

자발적인 선교라기보다, 비자발적으로 보내심을 받았지만, 그나마 이렇게라도 선교의 대열에 서게 하신 하나님께 감사한 마음 뿐입니다.

중서부 아프리카에 있는 카메룬과 필리핀과 캄보디아가 그 당시에 내가 선택할 수 있는 나라들이었습니다. 특정 국가를 위해 미리 기도하며 준비해 오지 않았기 때문에, 갈 곳을 선택해야만 했던 것입니다.

카메룬은 병원장님께서 가기를 권유하는 장소였고, 필리핀은 사촌 동생 선교사가 사역하고 있는 나라였으며, 캄보디아는 세계기독간호재단 (WCNF, World Christian Nursing Foundation)이 선교하고 있는 나라로 조산 간호사를 원하고 있었습니다.

부모님이 모두 연세가 높으시고 편찮으셔서 멀리 가는 것은 부담이 되었습니다. 결국은 캄보디아를 선택했는데, 무엇보다 협력으로 파송해 준 세계기독간호재단의 영향이 컸습니다.

캄보디아에 도착했을 때의 첫인상은 별반 특별하지 않았습니다. 한국에서 출발하기 전에 필요할 만한 다양한 생활용품들을 먼저 택배로 보냈었는데, 도착하니 상자 중의 하나가 뜯겨있었고, 내용물을 반쯤 가져가 버린 상태였습니다. 기분이 언짢았지만, 캄보디아에 들어오는 세금을 냈다고 생각하니, 신경 쓰거나 화낼만한 일이 아니게 되었습니다.

그렇게 생각할 수 있었던 것도 은혜였습니다. 도착해서 하나님께 두 가지 기도를 드렸습니다.

첫째, 보내셨으니 외롭게 하지 마시길 기도했습니다.
둘째, 돈이 없으면 불안할지 모르니 필요할 때 채워주시길 기도했습니다.

처음에는 부산과 비슷한 캄보디아의 도시인 시아누크빌에 있는 세계기독간호재단이 사역하는 대학 조산 학과에서 강의와 조산 센터를 개설하는 것이 내게 주어진 일이었습니다.

그러나 담당하시는 분과 여러 가지 이야기를 나누는 중에, 조산 센터를 개설한다는 것은 쉬운 일이 아니라는 것을 느낄 수 있었습니다.

정착을 위해 일단 시립병원을 방문하게 되었는데, 하나님께서 통역이 가능한 미국 국적인 한국 간호사를 붙여주셔서 함께 돌아볼 수 있었습니다.

분만실에 들어갔을 때, 환자들을 도와주고 싶어도 언어소통이 어려워 도와줄 수가 없는 제 모습이 안타까웠습니다. 순간, "언어를 반드시 배워야 한다"는 하나님의 음성을 들었습니다.

대학 관계자들의 허락을 받은 후, 어학 수업을 위해 수도 프놈펜으로 이동했습니다. 어학당에 등록하고 크메르어를 배우기 시작했습니다. 크메르어를 배우며 어학당내에 있는 도서관에서 기도하고 기대하며 공부에 집중했습니다.

하나님의 인도하심을 따라가는 삶이 기대되는 순간들이었습니다. 지금까지의 삶은 안정적이었지만, 이제는 전과 많이 다른 삶이 시작된 것이었습니다. 내가 원하는 삶도 중요하지만, 하나님께서 주시는 말씀을 듣는 것은 더 중요한 일이었습니다.

어느 날 함께 기도로 교제하는 동역자를 통해 "사역을 위해 3-4년 전부터 사람을 보내서 준비하고 있다"라는 주님의 말씀을 들었습니다. 나는 즉시 기도했습니다.

하나님, 감사한데요.
3-4년 전에 온 분을 제가 어떻게 만나요?
꼭 만나게 해주세요.

그러던 중 일신병원의 대선배이신 박윤구 선교사님을 만나게 되었고, 마침내 선교사님을 통해서 현재 사역하는 왕립농업대학교 보건실로 오게 되었습니다.
파송을 받을 때는 시아누크빌에 있는 대학에서 사역할 것으로 생각했었는데, 현장에 와서 하나님의 이끄심을 따라 순종하게 되었습니다.
선교란 내가 생각하고 계획한 대로 되는 것이 아니라 하나님의 인도하심을 따라가는 것이 선교라는 것을 배우게 된 순간이었습니다.
하지만 이 과정에서 일신기독병원과 직원 선교회의 파송과 후원을 받고 출발한 선교사였지만, 파송지의 대학으로 복귀를 포기하게 되면서 후원이 중단되었습니다.
그래도 2년 동안 계속 후원해 주셔서 감사하게 크메르 어를 배우는 데 집중할 수 있었습니다. 병원으로부터 후원이 중단될 것이라는 이야기를 들었을 때도 담담했습니다. 아무런 생각도 들지 않았습니다.

오히려 병원에서 근무하고 있는 자매들이 연락을 해왔습니다. "병원에서 후원이 끊어지면 귀국해야 하지 않느냐"라는 이야기였습니다. 그러나 나는 "아니, 귀국 안 하지, 하나님께서 인도하시겠지"라고 대답했습니다.

후원이 끊긴 후, 2011년 1월 통장을 확인하니 100만 원이 들어와 있었습니다. 부산 CCC에서 만난 나사렛 형제가 보낸 것이었습니다. 나는 그 통장을 보며 "아, 하나님께서 이렇게 응원하시는구나"라고 생각하며 감사를 드렸습니다.

간호사로 취업하면서부터 매월 월급으로 생활하던 내게는 생소한 삶이 시작이 된 것입니다. 후일 한국에 가서 나사렛 형제를 만나 그때 선교비를 보낸 이유를 물었더니 이렇게 말했습니다.

> 돈이 생겼는데 신 목사님의 선교를 후원해야 한다는 강한 마음을 주셔서 보냈다.

이제 하나님만 바라는 삶으로 인도해 가셨습니다.
놀랍게도 지금까지 그 인도하심은 계속되고 있고, 저는 여전히 그 인도하심을 따라 살고 있습니다.
선배 선교사가 들려준 이런 이야기가 기억납니다.

> 평소에 가깝다고 생각해 후원할 것 같은 사람인데, 그런 사람은 후원을 안 하고, 전혀 생각지도 못한 사람이나 관계가 소원했던 사람이 후원한다.

이처럼 후원도 하나님의 인도하심이 아니면 안 되는 일임이 분명해 보입니다.

한 분을 소개하고 싶습니다.

우리는 모두 예수님을 믿는 순간부터 가거나 혹은 보내는 선교사가 됩니다. 나 역시도 먼저는 보내는 선교사였겠지만 지금은 현장으로 가는 선교사가 되어 선교지에 와 있습니다.

우리 일신 동문 의사이면서 권사님이신 '보내는 선교사' 한 분의 이야기를 나누고 싶습니다.

선교사로 파송 받은 순간부터 동역해 주신 분입니다. 병원과 선교회로부터의 후원이 끊어진 후에 권사님이 주 후원자가 되어주셨습니다. 지금 사는 쉘터하우스(주거지)도 후원해 주셨고, 캄보디아 제자 사란이 센터와 동물병원을 위해 땅을 살 때도 후원해 주셨고, 그 외에도 필요한 것들을 후원해 주셨습니다.

캄보디아에서 계속 선교할 수 있었던 것은 하나님의 은혜와 권사님을 비롯한 모든 사랑의 선교 가족들의 동역으로 가능한 일이었습니다.

많은 연세에도 불구하고 선교 후원금을 여전히 보내 주고 계십니다. 권사님께서는 2년 치의 월급을 하나님께 바치기로 기도하셨는데, 1년 치 월급을 캄보디아로 보내신 것입니다.

아무것도 드릴 것이 없지만, 하나님의 은혜와 평강이 권사님과 함께하시기를 기도할 뿐입니다.

가장 보람 있는 일이란 결국 복음을 전하고, 복음으로 인해 영혼이 살아나는 일입니다.

대학 보건실에서 사역하며 만났던 학생들이 기억에 많이 남습니다.

2011년 10월부터 사역을 시작했는데, 출근 전부터 먼저 와 한국어를 배우기 위해 기다리던 로타를 시작으로, 여섯 명의 학생에게 한국어를 가르치며 복음을 전할 수 있었습니다.

한국어반 학생들을 처음 시작하는 주일 예배에 초청했는데, 기독교와 예배를 잘 모르는 학생들이 무려 22명이나 참석했습니다. 함께 센터에서 예배를 드리고 즐겁게 저녁을 준비하며 맛있게 먹던 학생들을 잊을 수가 없습니다.

한국어반은 학생들을 만나는 통로였습니다. 이렇게 시작한 한국어반은 현재보다 안정적이고 체계적인 '세종학당'으로 발전했습니다. 세종학당을 시작할 수 있었던 것도 전적인 하나님의 은혜입니다. 세종학당을 통해 우리 대학의 복음의 문을 여신 하나님을 찬양합니다.

이듬해인 2012년 2월경에 지금 함께 사역하고 있는 사란을 만났습니다. 사란을 만난 것도 전적으로 하나님의 은혜였습니다. 사란은 날이 갈수록 복음에 대해 깊이 알아가기를 소망하며 자라갔습니다.

사란은 본교 수의대를 졸업하고, 전남대 수의학부 영상의학과에서 석사 과정을 마치고 돌아왔습니다. 현재 본교의 동물병원에서 의사로 재직하면서, 수의대에서는 강의도 하고, 박사 과정도 수학하고 있습니다.

전공의 과정을 마친 후 신학도 할 계획입니다. 사란을 통해 제자들을 세워 가시는 하나님께 감사를 드릴 뿐입니다.

만나는 학생들이 예수님을 만나고 그들의 삶이 변화되며 하나님의 사람으로 살아가는 것을 보는 것이 기쁨이고 행복입니다.

우리 대학의 복음화를 위해, 사란과 함께 아름다운 캄보디아의 제자들과 학생들이 헌신하고 있습니다. 사란을 통해 일하시는 하나님께 감사드립니다.

캄보디아로 올 때 특별한 계획이나 준비가 되어 있었던 것은 아니었습니다. 지금도 마찬가지입니다. 특별한 계획은 없습니다.

그러나 분명한 것은 성령의 인도하심을 따라 살아갈 것이라는 마음뿐입니다. 주어지는 모든 상황에 감사하며 하나님의 원하심이 무엇인지 기대하며 그분을 따라 이 땅에서 살다가 그분이 계시는 곳으로 이사 가는 것이 계획입니다.

이 땅에서의 이사도 하나님의 은혜가 아니면 안 되고, 그분이 계시는 곳으로 가는 이사도 내 마음대로 되는 것이 아님을 느끼고 있습니다.

캄보디아의 사역은 이제 나로부터 제자들을 중심으로 한 사역으로 전환되어야 할 때가 된 것 같습니다.

후배 선교사가 올 수 있다면 모든 것을 이양하고, '내게 주시는 또 하나의 어떤 역할을 감당해야 하지 않을까' 기도하고 있습니다.

하나님께서 내게 주신 거룩한 부담감은 일신기독병원 출신 동문 선교사들이 하나님과 함께 살아온 '사랑의 이야기'를 책으로 엮어 세상에 알리는 것입니다.

각자가 주어진 자리에서 묵묵하게 예수님을 따라가는 아름다운 사랑의 이야기를 썼으면 좋겠다는 소망을 가졌고, 기도하는 중에 모교

부산장신대 탁지일 교수님과 연결되어 도움을 받게 되었습니다.

또 다른 한 가지 소망은 동문 선교사들을 심방하는 것입니다. 전 세계에 흩어져 하나님의 선교를 묵묵하게 감당하는 아름다운 동역자들을 찾아가 함께 교제하며 하나님의 사랑과 은혜를 나누는 것이 제게 주어진 일이라고 생각하고 있습니다.

사랑하는 일신기독병원의 선후배들에게, 변함없이 하나님의 은혜를 사모하고, 은혜로 살아가시길 부탁드리고 싶습니다.

병원에 재직하는 중이든지, 아니면 퇴직해 동문이 되었든지 간에, 우리는 모두 어느 자리에 있든지 '하나님의 은혜가 아니면 안 되는 사람들'입니다.

기도 제목들도 나누고 싶습니다.

전 세계에 흩어져 사역하고 있는 일신 동문 선교사님들이 하나님의 은혜로 행복하시기를, 일신기독병원에서 현재 사역 중인 일신의 모든 가족이 행복하게 사역 감당하시기를, 일신기독병원과 동문 선교사들을 통해 하나님의 복음이 쉬지 않고 계속 흘러가며 오직 하나님만 영광을 받으시기를 함께 기도해 주시기를 간곡히 부탁드립니다.

돌아보면 일신병원에서 선교사로 파송을 받은 것도 하나님의 은혜이고, 떠나게 된 것도 은혜이고, 24살 때에 연탄가스 중독에서 살려주신 것도 은혜이고, 저항할 수 없이 등 떠밀려 선교사가 된 것도 은혜이고, 행복한 선교사로 살아가게 된 것도 전적인 하나님의 은혜입니다.

감당할 수 없는 은혜를 주신 하나님께 감사드립니다.

캄보디아 프놈펜 왕립농업대학교 보건실 사역

센터에서의 성경 공부

보건실에서의 한국어 수업

19_은혜로 살아가는 행복한 선교사 225

세례식 (2014년 12월 8일)

캄보디아 왕립농업대학교를 방문한 민보은 선교사 (2017년 11월)

에필로그

보내시고 인도하심
Sending and Leading

탁 지 일 교수 (부산장신대학교 교회사)

'보내심'을 받은 일신기독병원 출신 여성 의료 선교사들의 이야기는 6·25전쟁이 한창이던 피난지 부산으로 거슬러 올라간다.

호주에서 온 선교사 자녀로 부산에서 태어나, 호주에서 의학을 공부한 후, 다시 부산으로 돌아와 평생 의료 선교사로 헌신한 매혜란(Helen Pearl Mackenzie, 1913~2009)과 매혜영(Catherine Margaret Mackenzie, 1915~2005) 자매는 1952년 여성을 위한 일신기독병원을 설립했다.[1]

그리고 이들이 세운 일신기독병원 출신 여성 의료인들이 지금 세계 곳곳에서 의료 선교사들로 '보내심'을 받아, 헌신적인 복음 전도자들의 삶을 살고 있다.

---

1 이 글은 "장기려와 매혜란의 의료 선교 연구: 6·25전쟁 전시전후 부산에서의 활동을 중심으로"라는 제목으로 「선교와 신학」(2022.10)에 게재된 논문 중, 매혜란과 매혜영에 관한 내용을 수정·편집한 것이다.

이들 일신기독병원 출신 여성 의료인들의 선교 이야기를 기억하고 기록으로 남기기 위해 이 책이 만들어졌다.

1. 호주에서 '부르심'을 받고, 한국으로 '보내심'을 받은 선교사들

일신기독병원의 설립자 매혜란과 매혜영의 국적은 호주이지만, 태어난 곳은 한국이다. 은퇴 후 호주로 돌아갈 때까지, 일신기독병원에서 의료 선교사와 원장으로 사역했다(1952~1976).

선교사로 한국에 온 아버지 제임스 맥켄지(James Noble Mackenzie, 1865~1956)와 어머니 매리 켈리 맥켄지(Mary Jane Kelly Mackenzie, 1880~1964)의 장녀와 차녀로 부산에서 태어났다.

매혜란의 어머니인 켈리는 한국에 도착한 후 "희망이 없는 공허한 여성들의 표정"에 늘 마음 아파했으며, 여성을 위한 복음 전도를 위해 무엇이든 직접 실천했다.[2]

심지어 18개월 된 딸 매혜란을 동료 선교사에게 맡기고 둘째를 임신한 몸으로 동해 섬 울릉도로 여성과 소녀들을 위한 복음 전도를 떠나기까지 했다.[3]

---

2 헬렌 맥켄지, 『호주 선교사 맥켄지의 발자취: 제임스 노블 맥켄지의 전기』(서울: 대한기독교서회, 2006), 94-95. 매혜란의 부모는 헬렌 펄(Helen Pearl)로 지었는데, 펄이라는 이름은 부모의 선교 지역이었던 경남 진주라는 명칭으로부터 왔다. 위의 책, 249.

3 위의 책, 242-243.

매혜란은 1931년 조국 호주로 돌아가 의학을 공부한 후 산부인과 의사가, 그리고 매혜영은 간호사가 되어, 한국을 떠난 지 20여 년 만인 1952년 그녀가 태어난 부산으로 다시 돌아온다.

매혜란은 1952년 2월 13일 부산항에 도착한 순간을 "드디어 우리가 태어난 땅, 고향으로 돌아왔다는 감격을 느꼈다"라고 소감을 표현했다.[4] 부모의 고향은 호주였지만, 그녀가 태어나고 자란 고향은 한국이었다.

매혜란은 일신기독병원에서 사반세기를 사역한 후, 1976년 2월 6일 은퇴해, 고향인 부산을 떠나 조국인 호주로 돌아갔다

은퇴를 하루 앞둔 송별 예배에서 매혜란은, "요새 제가 초대 선교사 사도 바울 선생님에 대해 많은 생각을 하고 있었습니다. 사도 바울께서 자기 제자들에게 하신 말씀 중에 몇 가지를 드리고 싶지만 한 가지만은 말씀 못하겠습니다. '나를 본받으시오'(빌 3:17)라는 말씀인데 난 그럴 용기가 없습니다."라고 고백하면서, 그 대신 "예수를 본받으시오. 예수를 믿으면 별것 다 할 수가 있습니다."라고 권면한다.[5]

매혜란에게 한국이 집이고 고향이었다. 그녀의 부모와 자매들이 함께 있었던 곳이었고, 일생을 바친 일신기독병원이 있는 삶과 사역의 현장이었다.

무엇보다도 일신기독병원의 구성원들은 그녀의 가족이었다.

"우리는 한 건물 안에서 일하는 사람들뿐만 아닙니다. 한 가정입니다. 우리의 집이 작고 직원 수도 적었을 때 이 가정의 기분을 조성하

---

4   일신기독병원 총동문회,『맥켄지家의 딸들』(부산: 일신기독병원, 2012), 140.
5   일신기독병원,『일신기독병원 40년사』, 85.

기가 더 쉬웠지만, 앞으로도 우리의 병원이 환자에게나 시민 앞에 좋은 증거가 되기를 원한다면 꼭 가정 안에 있는 사랑을 나타내야겠습니다."라고 이별에 앞서 마지막 당부의 이야기를 전했다.[6]

매혜란은 6·25전쟁 시기로부터 1976년까지 사반세기 동안 일신기독병원의 원장으로 헌신하며, 부산을 고향 삼아 인생의 대부분을 보냈다. 어쩌면 매혜란에게는 호주가 본향이 아니라, 하나님의 나라가 본향이었는지 모른다. 그 '영원한' 본향을 향해 소외된 이들과 함께 걸으며, '한시적'으로 이 땅에 머물렀던 이주민이었다.

일신기독병원은 오늘날 이 땅을 찾은 이주노동자나 결혼이민자들을 위한 의료 선교를 이어가고 있다. 이주민 건강검진 등의 의료지원 서비스와 무료 의료지원을 제공하며 설립자의 유지를 계승하고 있다. 피난의 땅 부산을 찾았던 이주민 매혜란의 후예들이, 더 나은 삶을 위해 낯선 한국을 찾은 이주민들을 섬기고 있다.

2. 소외된 이웃을 섬긴 그리스도인

매혜란은 소외된 이웃을 편견 없이 섬겼다. 한센병 환자 치료에 헌신한 부친의 영향을 받아 호주에서 산부인과를 전공한 후, 6·25전쟁이 한창이던 시기에 의료 선교사로 부산으로 돌아와, 사회적으로 소외되고 높은 사망률로 인해 고통받던 산모들과 영아들을 위해 헌신

---

6 위의 책, 86-87.

적이고 선진적인 의술을 펼쳤다.

매혜란은 병원 이름을 일신부인병원이라고 명명했는데, '날마다 새로워진다'라는 의미의 일신(日新)이라는 이름을 선택한 이유에 대해서 "일신이라는 이름은 부산사람들의 마음속에 자리 잡은 호주장로선교회와 관련이 있다.

왜냐하면, 1893년 멘지스의 한국어 선생이었던 박신연 장로가 제안하여, 1895년 지어진 학교 이름이었기 때문"이라고 밝히면서, 또한, 부인이라는 표현이 들어간 것에 대해서는, "여성을 위한 여성에 의한 병원"을 만들려고 했기 때문이라고 설명했다.[7]

여성에 초점을 맞춘 매혜란의 활동은, 호주 교회의 선교 정책과 무관하지 않았다.

첫 호주 선교사 헨리 데이비스(Joseph Henry Davies, 1856~1890)가 한국에 도착한 후 얼마 지나지 않아 1890년 4월 5일 사망한 후, 8월 25일 장로교여선교회연합회(PWMU, Presbyterian Women's Missionary Union)가 설립되었다.

정병준은 연합회의 공헌에 대해, "교회 여성들은 자금을 모으고 선교사를 파송하는 일에 성공함으로써 그 핵심 동력을 만들었다. 이러한 성공은 교회 안에서 또한, 선교지 안에서 그들의 발언권을 강화하고 지위를 높이는데 중요한 기반이 되었다"라고 평가한다.[8]

---

7 일신기독병원 총동문회, 『맥켄지家의 딸들』, 145.
8 정병준, 『호주장로회 선교사들의 신학사상과 한국 선교, 1889~1942』 (서울: 한국기독교역사연구소, 2007), 102. 호주교회의 의료 선교는 거열휴(Hugh Currell, 1871~1943)로부터 본격적으로 진행되었다. 1902년 5월 19일 부산에 도착한 거열휴는, 부산진일신여학교의 방 한 칸에서 시약소 및 간이 치료소를 설치해 활동

연합회는 "여성을 위한 여성의 선교"(Mission Work among Women by Women)에 초점을 맞추는 한편, 1891년 공식적으로 벨 멘지스(1856~1935), 진 페리(Jean Perry, 1863-1935), 매리 퍼셋(Mary Fawcett, 1862~1938) 등 3명의 여성 선교사를 한국에 파송했다.

선교사로서 매혜란의 활동도 호주 선교 정책의 연장선에 있었으며, 일신기독병원은 호주 장로교여선교회연합회의 가장 대표적인 선교 기관 중 하나였다.[9]

을 시작했으며, 이들의 활동은 동료 선교사들뿐만 아니라 지역민들에게도 큰 도움을 주었다. 이후 병원 진료소 설립을 해외 선교위원회에 적극적으로 요청했지만, 재정문제로 어려움을 겪었으나, 거열휴는 순회 진료를 비롯한 활동을 멈추지 않았으며, 1902년 부산지역에서 발생한 콜레라 방역과 치료를 위해, "소독약과 약품을 나누어주며, 오전에는 부산진에서 오후에는 초량에서 이른부터 밤늦게까지 주사를 놓으면 환자들을 치료했다." 양명득 편저, 『호주 선교사와 배돈기념병원』(서울: 동연, 2021), 28-29. 이후 거열휴는 1905년까지 부산 초량과 부산진에서 진료 활동을 진주지역으로 확장해 나갔다. Edith A. Kerr & George Anderson, *The Australian Presbyterian Mission in Korea, 1889-1941* (Australian Presbyterian Board of Missions, 1970), 74 그리고 존 브라운(John Brown), 『은혜의 증인들』, 정병준 역 (서울: 한국장로교출판사, 2009), 67-69. 이상규는 부산경남지역에서의 호주선교사들의 의료 선교에 대해, "의료사업은 이 지방에서의 환자 치료와 현대의술의 보급에 지대한 영향을 끼쳤다. 특히 진주 배돈병원은 경남지방 유일의 근대병원으로서 이 지역에서의 보건 위생과 치료에 남긴 업적은 부인할 수 없다. 둘째, 질병이나 정신질환 등을 미신이나 악귀의 장난으로 보는 비과학적 이해에서 벗어나 인간 신체와 병을 과학적으로 이해, 접근하는 안목을 갖게 해주었다. 셋째, 식품, 위생, 검역, 예방에 대한 홍보와 교육활동을 통해 질병과 전염병 예방에 기여하였고 삶의 환경을 개선, 계몽하는데 크게 기여하였다"라고 평가했다. 이상규, 『부산지방 기독교전래사』 (부산: 글마당, 2001), 226-227.

9 해방 전 재한 호주 선교사는 78명이었고, 해방 후는 48명으로 총 126명이었다. 이 중 34명이 의료 선교사였으며, 2/3인 83명이 여성이었다. 1961년에 발간된 연합회 자료집에는, "한국장로교회의 분열에도 불구하고, 호주 교회의 선교는 지속되고 있는데, 특히 부산의 일신기독병원은 75개의 침상과 훈련된 293명의 간호사들이 사역하고 있으며, 주변 도시들에서도 복음을 전하고, 교육하며, 질병으로 고생하는 이들을 돕고 있다"라고 소개하고 있다. *P.W.M.U. Cookery Book*, Gwen Jenkins and Muriel McMillan, eds. (Melbourne, Canberra, Sydney: F. W. Cheshire, 1961, iii.

한편 병원 초창기, 이름에 기독교라는 명칭을 넣지 않은 이유에 대해 매혜란은, "그것은 제가 주님의 제자로 예수님 앞에 결코 완벽한 증인이 될 수가 없다고 생각했기 때문입니다. 그러나 저는 제가 시험에 빠지게 될 때도 있겠지만 저와 직원들이 함께 나아갈 수 있으리라고 믿었습니다."라고 설명했다.[10]

즉, 기독교라는 이름을 걸고 활동하면서 혹시라도 실수를 저지르면, 오히려 기독교에 부정적인 영향을 미칠 수 있다는 염려까지 했을 정도로, 매혜란의 삶과 사역은 순전(純全)하게 기독교적이었다.

1972년 9월 17, 병원설립 20주년 기념식에서 매혜란은, 모든 경영권을 한국인 김영선 의사에게 넘기며, "우리들은 씨를 뿌리고, 교회는 물을 주고, 하나님은 추수 자가 되는 것"이라고 감사했다.[11] 또한, 매혜란은 자신을 약한 자로 여겼다.

일신기독병원 설립 25주년을 맞은 1977년에 매혜란은 이렇게 질문했다.

---

10 일신기독병원 총동문회, 『맥켄지家의 딸들』, 165. 1965년 당시 부산시장이었던 김현옥은 매혜란에게 보낸 감사장에서, "일신부인병원의 병원장으로 취임한 이래, 외면 받고 힘겨운 삶을 살아야 했던 환자들을 돌보는데 모든 노력을 기울였습니다."라고 감사한 후, "지난 10년이라는 시간 동안 총 72,668명의 환자들을 어떠한 금전적인 보상도 없이 사랑으로 돌보았습니다. 귀하는 또한, 하루 평균 25명의 환자에게 우유를 제공하였으며, 그리고 특별히 가장 돌봄이 절실한 환자들을 개인적으로도 진료를 마다하지 않으며 돌보았습니다."라고 그 성과를 기렸다. 한호기독교선교회 일신기독병원, 경기대학교박물관, 『호주 매씨 가족의 한국소풍이야기』 (서울: 한호기독교선교회 일신기독병원, 경기대학교박물관, 2016), 266-267.
11 1982년 11월 10일, 정부의 의료법 규정을 준수하기 위한 목적으로, '일신부인병원'을 '일신기독병원'으로 공식 변경한다. 일신기독병원, 『일신기독병원 40년사』, 74-75.

25년 동안 즐거움 뿐 아니라 여러 번 어려운 위기와 앞길이 험하여 실망했을 때도 있었지만, 그때는 모두가 우리의 약함을 잊고 우리 힘만 의지했을 때가 아니었을까요?

이런 질문을 한 후, 지난 사반세기를 회고하며 자신의 신앙을 고백했다.[12]

앞으로도 큰 어려움이 없을 거라고 할 수 없기에 그때마다 일신이 걸어온 발자취를 좇아서 각자가 자신의 약함을 인정하고 하나님의 일을 위해서 그 약함을 바칠 때 더욱 큰 역사가 이루어진다는 것을 확신합니다.

한국인 산모와 신생아들을 위해 헌신했던 매혜란은, 오히려 한국인들에게 감사했다.

특히, 그녀가 치료한 환자들을 떠올리며, "우리가 치료한 여인들이 아기도 잘 낳고 안 죽고 살아났어요. 나는 그들에게 아주 감사드려요. 그런 일을 하는 것 자체가 보답이 큰일이에요. 다른 보답은 필요 없어요. 도움이 필요한 사람들을 돕고 뭔가 가치 있는 일을 했다는 보람이 제가 받는 보답입니다."라고 감사했다.[13]

매혜란은 일신기독병원의 동역자들에게 "너희는 땅끝까지 이르러 내 증인이 되리라"(행 1:8)는 말씀을 실천하며 살라는 마지막 권면을

---

12 일신기독병원 총동문회, 『매켄지 家의 딸들』, 166.
13 위의 책, 204.

남긴다.¹⁴

최근 일신기독병원은 출산율 감소와 경영의 어려움에 직면해왔지만, 이를 극복하고 호주 교회 의료 선교의 정신을 계승 함양하기 위해 노력하는 매혜란의 제자들이 움직이고 있다.¹⁵

매혜란 성경적 신앙을 실천하며 사회적 책임을 감당하는 데 주저하지 않았다. 자신에 대해서는 더없이 엄격하고 단호했지만, 소외된 이웃에게는 한없이 자비롭고 유연했다.

이러한 매혜란의 삶과 신앙은, 낯선 땅 부산에서의 외로운 삶을 견디고, 소외된 이웃들을 섬기며, 마침내 선한 싸움을 다 싸운 그리스도인의 모습으로 주님의 부르심을 받기까지 헌신할 수 있도록 만든 동력이었다.

3. 생명을 우선한 휴머니스트

매혜란은 모두 소외된 이웃을 위한 차별 없고 실제적인 의료 혜택을 제공하기 위해 애썼지만, 결코 현실에 매달리거나 안주하지 않았다.

또한, 하나님 나라 확장을 위한 거시적인 비전을 지닌 기독교인이었지만, 그 비전의 미시적인 실현을 잊지 않았다. 무엇보다도 언제나

---

14 위의 책, 165.
15 인명진, "부산 일신병원 60년과 호주 선교사," 대한예수교장로회총회, 『한국 교회와 호주교회 이야기』 (서울: 한국장로교출판사, 2012), 250-253.

생명이 돈보다 우선이었다. 병원에 오면 설령 돈이 없더라도 치료받을 수 있었다.

일신기독병원 맥켄지 역사관에는 무료로 치료받은 환자들의 초창기 진료 기록들이 전시되어 있었는데, 병원비가 많이 나와도 돈이 없으면 받지 않았고, 적은 액수라도 경제적인 여유가 되면 진료비를 받았던 것을 생생하게 볼 수 있었다.

일신기독병원이 설립된 당시의 전시 부산의 상황은 열악했다. "인구가 150만 정도의 도시였고, 그중 반은 피난민이 대부분이었다. 판자로 만든 집들과 빈 깡통이 거리와 언덕을 가득 메웠다"라고 매혜란은 피난지 부산의 모습을 묘사했다.[16]

자연증가가 아닌 유입된 피난민으로 인한 결과였다. 제한된 공간에 전국 각지에서 생존을 위해 모여든 피난민들로 부산은 포화상태에 이르렀고, 피난민들은 하천 변, 산자락, 바닷가 등에 움막을 짓고 피난살이를 했다.

당시 가장 심각한 약자이자 피해자는 산모와 영아였다.

매혜란은 "영아의 복지혜택은 초기부터 주요 관심사였다. 처음에는 영양공급이 제대로 안 되어 모유가 나오지 않는 산모가 키우는 심한 영양실조 상태의 아기에게 젖을 먹이는 것이 주였다. 당시 가난한 산모가 모유 수유를 대체해서 아이에게 먹일 수 있는 것은 쌀뜨물뿐

---

16 일신기독병원 총동문회, 『맥켄지家의 딸들』, 142. 하지만 실제 상황은 이보다 훨씬 더 심각했다. 부산광역시청의 1945-1955년까지의 상주인구 통계에 따르면, 일신기독병원이 설립될 당시의 부산인구는, 237,978명(1949년)에서 413,195명(1952)로 거의 두 배로 늘어나 있었다. 부산광역시청 상주인구조사 결과 통계, <http://www.busan.go.kr>.

이었다"라고 안타까워했다.[17]

출산으로 인한 산모와 영아의 사망률도 매우 높은 상태였다.

매혜란은 돈보다 생명을 중시했으며, 이는 그녀의 신앙과 삶의 원칙이었다.

"환자들이 병원비를 지급할 능력이 있건 없건 간에 우리의 도움이 필요한 모든 환자는 반드시 치료한다는 것은 일신병원을 시작할 때부터 우리의 중요한 원칙이었다. 치료를 할 수 있는 한 누구도 돈이 없다는 이유로 돌려보내지는 않았다"는 단호한 원칙을 매혜란은 고수했다.[18]

또한, 피난민 수용소에 대한 무료 진료, 나병원, 양로원, 고아원 무료 예방 접종과 공중위생 교육, 고아들의 입양주선 활동도 함께 진행했다.

매혜란은 "1956년 병원이 신축되었을 때 나는 가난한 사람들이 새 병원 건물을 보고 자신들의 처지에 맞지 않는 병원으로 여기고 들어오려 하지 않을까 걱정이었다"라고 심경을 밝혔는데, 이는 그녀가 얼마나 진심으로 가난한 이들을 배려하고, 베풂에 있어서 심중했는지를 알 수 있는 대목이다.[19]

---

17 일신기독병원 총동문회, 『매켄지 家의 딸들』, 151.
18 실제로 1950년대에는 환자의 50퍼센트, 1960년대는 60퍼센트, 그리고 경제발전이 시작된 1970년대는 29퍼센트의 환자들이 무료 진료 혜택을 받았다. 일신기독병원, 『일신기독병원 40년사』, 61.
19 일신기독병원 총동문회, 『매켄지 家의 딸들』, 151, 매혜란의 동역자인 호주선교사 민보은(Barbara H. Martin)은, "환자들이 돈을 지불할 수 잇든지 없든지 상관없이 환자를 진료"했으며, "어떤 병실에 있느냐에 상관없이 일신에서는 같은 치료를 받았다."며, "이렇게 치료하는 것이 이 병원의 설립 목적 즉 그리스도의 본을 따라 그리스도의 정신으로 일하는 것이므로 환자가 돈을 낼 수 있는 능

은퇴를 준비하던 매혜란은, 자신이 병원을 떠나면 무료진료 정신이 중단되지는 않을까 염려하면서, 호주 전역을 밤낮없이 버스로 이동하며 후원금을 모아 맥켄지 기금(Mackenzie Foundation)을 조성했다. 기금을 조성하기 위해 매혜란은 일신기독병원의 상황을 영화로 제작했고, 호주 전역을 순회하며 모금 활동을 했다. 밤에는 이동하고 낮에는 모금행사를 진행했다. 많은 후원금이 모였고, 이를 통해 돈이 없이 병원을 찾아오는 이들을 부유하든 가난하든 예수 정신으로 돌보기를 소망하며 병원을 떠났다.[20]

국내에서는 총 938,050원, 호주에서는 총 170,000 호주 달러가 모금되었고, 기금의 이자 중 75퍼센트가 일신기독병원에 매년 지원되어 무료 치료 및 공익사업에 사용되고 있으며, 나머지 25퍼센트는 원금에 더해지고 있다.[21] 은퇴 직전인 1975년에는 1억 원이 넘는 무료 치료 시행했다.[22]

력에 따라 치료하지 않았다"라고 자랑스러워했다. 민보은(Barbara H. Martin), 『인생 여정의 발걸음(Steps on a Journey)』 (부산: 일신기독병원 산부인과 동문회, 2015), 98-99.

20 일신기독병원 총동문회, 『맥켄지家의 딸들』, 199-200.
21 일신기독병원, 『일신기독병원 40년사』, 105-106.
22 부산노회, 『부산노회 회의록』 제103회 정기 회의록 (부산: 부산노회 회의록 편찬위원회, 1980), 498. 매혜란은 호주 교회를 향해 도전적으로 해외 선교 후원을 요청하면서, 매혜란은, "한국에서는 자신만이 의롭다는 죄가 교회를 분열시킨다면, 호주에서는 무관심의 죄가 그렇지 않은가? 한국에서는 가난한 사람들이 헌금하는 십일조를 잘못 사용하는 교회의 죄가 있다면, 여러분은 십일조를 드리기나 하는가? 한국 교회는 예배 출석, 음주, 흡연을 너무 보수적으로 접근한다면, 우리는 아예 그런 도덕 기준조차 없이 세상 사람들과 별반 다르지 않은가?"라고 문제를 제기한다. 양명득, 『호주 선교사 열전: 부산과 서울』 (서울: 동연, 2021), 301에서 크로니클 1964년 12월 8쪽에 게재된 내용을 재인용.

매혜란은, 행려병자와 산모와 신생아 등 가장 소외된 하나님의 백성들을 사랑하며 도왔다. 생명이 가장 경시되던 전쟁의 시대에, 생명을 가장 우선적인 가치로 여겼던 '어리석고 약한' 동시대인이었지만, '지혜롭고 강한' 이들을 부끄럽게 만들었던 순전한 이웃 사랑을 실천한 휴머니스트들이었다.

4. 선진적 의술을 베푼 의료 전문가

매혜란은 신앙뿐만 아니라 실력도 겸비한 최고의 의료 전문가였다. 매혜란은 산모와 영아 건강의 질을 높인 공로를 인정받아 대영제국 유공자에게 주는 상과 대한민국 국민훈장 무궁화장을 수상하는 등 주변 사회의 인정받았다.

매혜란은 산모와 유아들을 위한 의료 시설이 필요함을 절감하고 있었다. 주변사람들도, "산모와 아이들을 위한 의료 시설이 가장 절실하게 필요하다고 이구동성으로 조언했다."[23]

정부와 유엔 기관들도 모자보건 의료사업의 필요성에 공감하고 매혜란의 계획을 지원했다.

당시 상황은, "치료를 요하는 산모가 병원에 치료받지 못했을 뿐 아니라 당시 교육병원에서는 적은 산과 환자 수로 인해 의과대학생과 간호 학생이 정상 분만조차 보지 못했을 정도였다."[24]

---

23 일신기독병원 총동문회, 『맥켄지家의 딸들』, 144.
24 일신기독병원, 『일신기독병원 40년사』, 33.

1952년 병원설립 후, 1955년 말 현재 충분만 수는 3,245건에 이르렀고, 개원 10주년인 1962년까지 총 11,144명, 20주년인 1972년까지는 총 36,605명이 출산했다.[25]

일신기독병원은 1963년 산부인과 수련병원으로 정부의 공식 인정을 받았다. 매혜란은, "아기들을 위하여 손수 아기침대를 제작하고, 인큐베이터를 호주에서 들여오며, 산부인과 의사와 소아과 전문 선교사를 통하여 수준 높은 진료"를 했다.[26]

1962년에는 여성과 신생아를 위한 공로를 인정받아 동생 매혜영과 함께 대영제국 유공자로 수상한다.[27]

매혜란의 전문적인 선진의술은 곧 인술이었다. 매혜란은 주위의 존경과 사랑을 받았는데, 이에 대해 김영선은 "두 가지를 존경했는데 하나는 환자의 이야기를 진심으로 들어주는 것을 옆에서 알 수 있었고, 둘째는 의료 기술이 뛰어나서 정말 선진의술을 베풀었다"라면서, 매혜란이 인성과 실력을 겸비한 의사였음을 증언했다.[28]

또한, 산전과 산후의 모든 과정에 대한 세심한 배려가 있었다. 특히, 매혜란은 산전 진찰을 강조했는데, "당시 경제 사정이 안 좋아 산모들과 신생아들의 사망률이 높았지만 매 원장님은 산모, 신생아 사망률을 아주 많이 떨어뜨렸다"라고 한다.[29]

---

25 위의 책, 38, 50, 57.
26 일신기독병원 총동문회, 『매켄지 家의 딸들』, 90.
27 위의 책, 90-91.
28 김영선 의사의 증언. 위의 책, 215.
29 위의 책, 215-216.

그리고 "가능하면 정상 분만, 가능하면 태어나자마자 어머니 품에서 모유 수유하게 했고, 어머니가 해야 할 일을 교육하고 앞으로 아기를 어떻게 키워야 하는가를 수유, 이유, 예방 접종 교육해서 퇴원시켰다"라고 김영선은 회고했다.[30]

매혜란의 의술에 대해서도 "매 원장님께서는 수술을 참 잘하셨다. 수술하는 것이 꼭 비단에 수놓는 것처럼 곱게 하셨다"라고 증언할 정도였다.[31]

매혜란은 동생 매혜영과 함께 산부인과 의사 수련과 조산 교육에 깊은 관심을 가졌다. 특히 매혜영은 설립 초기부터 간호과장으로 있으면서 조산 교육 및 수습생들을 지도했다.[32]

전정희는 "임산부 산전 관리의 필요성을 철저히 교육했으며, 모유 수유를 권장하셨고, 국가 정책사업인 피임과 불임시술을 적극적으로 권장"했다.

또한, "한국 형편에 맞는 조산사 교육을 열심히, 철저히 매혜영 선교사님과 추진하셨다"라고 기억하면서, "간호 학교를 세우셨다면 얼마나 훌륭하게 더 좋은 간호사들을, 조산사들을 배출할 수 있었을까"라면서 아쉬움을 나타냈다.[33]

---

30 위의 책, 216.
31 위의 책.
32 김효진, "일신부인병원의 조산 교육: 1952년부터 1970년대 말까지," 67. 조산 교육은 12개월 동안 진행되었으며, 산과학 및 부인과학(80시간), 소아과학(40시간), 모자보건학(20시간), 조산법규(6시간), 조산윤리(6시간), 마취학(8시간), 약리학(4시간), 임상병리학(4시간), 의무기록(4시간) 등의 교과과정으로 구성되었다.
33 전정희 의사의 증언. 일신기독병원 총동문회, 『맥켄지家의 딸들』, 222. 매혜영은 국내 조산사 교육과 발전에 있어서 절대적인 공헌을 했다. 조산 교육은 이론과

일신기독병원에서 산부인과 전문의로 1965~1995년 동안 사역한 호주 의료 선교사 민보은(Barbara Martin)은 매혜영에 대해, "교실에서 뿐만 아니라, 병동과 분만실과 수술실에서도 탁월한 선생님이었다. 해부학과 생리학에 관한 해박한 지식을 바탕으로 한 그의 가르침은 실용적이었기에 간호 조산사들이 환자를 다룰 때 있을 수 있는 어느 상황에서도 적용할 수가 있었다"라고 주목했다.

그리고 "교육에 대한 그의 정열과 솜씨는 자신이 한국의 간호 조산사들을 위해 쓴 교과서에서 그 절정에 달했다고 할 수 있다. 책은 그가 퇴직하고 한국을 떠나던 날 출판되었고 일신병원에서 뿐만 아니라 한국 전국에 걸쳐 조산 교육의 교과서로 사용되었다"라고 평가했다.[34]

매혜란의 활동과 일신기독병원의 성과에 대해 장기려는, "그동안 수많은 조산사와 산부인과 레지던트를 배출하고 특히 1년에 사망률이 1명 미만이었고 수백 명의 기독교 신자를 얻게 되었습니다"라고 찬사를 보냈다.[35]

실습을 엄격하게 병행했으며, 졸업생들은 '일신' 명칭을 포함하는 조산원을 개업하기도 했다. 김효진, "일신부인병원의 조산 교육: 1952년부터 1970년대 말까지," 69. 매혜영은, 조산 간호사들을 교육하고, 배출한 후에도 찾아다니며 계속적인 교육과 지원을 아끼지 않았다. 일신기독병원의 특히 당시에는 한국어로 된 간호 조산학 교재가 없었는데, 매혜영은 귀국을 앞두고 임상 중심의 『간호조산학』을 출간해 조산 교육에 큰 공헌을 했으며, 1975년 봉사와 희생을 인정받아 외국인으로는 처음으로 나이팅게일기장을 수상한다. 일신기독병원 총동문회, 『맥켄지家의 딸들』, 106.

34 일신기독병원 총동문회, 『맥켄지家의 딸들』, 344.
35 일신기독병원, 『일신기독병원 40년사』, 15. 일신기독병원 설립 20주년 학술대회에서 장기려는 "임산부에 있어서 발병하는 간염에 대해서"라는 주제로 강연을 하기도 했다.

매혜란은 하나님과 이웃을 위한 의술(醫術)과 인술(仁術)과 성심(聖心)을 소유한 선교와 의료 전문가였다.

5. 미래지향적 협업을 실현한 선구자

매혜란은 개인적 재능 발휘를 넘어, 미래지향적인 협업을 실현했다. 평생의 동역자였던 동생 매혜영을 비롯해 동료 호주 선교사들과 후원자들이 있었다.

매혜란은 선구자였다. 선구자의 여정은 결코 실패하는 법이 없다. 그 이유는, 만약 시도가 성공한다면 수많은 사람이 그 길을 따라올 것이고, 만약 시도가 실패하더라도 실패할 수 있는 경우의 수를 하나 줄여준 것이니, 이 또한, 성공적이기 때문이다.

매혜란의 의료 선교는 협업에 기초한 활동이었다.

첫째, 그녀 평생의 동역자는 동생 매혜영이었다. 평생 같은 공간과 장소에서 살면서, 같은 꿈을 꾸었다.

매혜란과 매혜영은 1931년 각각 17살과 15살 때 호주를 방문한 후, 가족들과 떨어져 호주에 남아 공부하기로 했다. 하지만 두 사람 모두 한국으로 돌아올 꿈을 꾸었다.

"우리는 한국에서 열악한 보건으로 여성과 아기들이 많이 고통받는 것을 보았기에 의학 분야를 택하는 것이 우리에게 자연스러운 일

이었다"라고 매혜영은 회고했다.36

매혜란과 매혜영은 1952년, 한국을 떠난 후 20여 년이 지나 다시 한국으로 돌아온다.

둘째, 매혜란의 든든한 지원자이자 동역자는 호주 선교사들이었다.37

특히 일신기독병원을 중심으로 한 의료 선교사들과의 협력을 진행했다. 동료 선교사 변조은(John Brown)은 "2차대전 후 한국에서 일한 호주 선교사 중 누구도 헬렌 펄 맥켄지 의사만큼 큰 이상과 에너지, 또는 성과를 이룬 선교사는 없다"라고 평가했다.38

또한, 2009년 10월 9일 매혜란의 장례식에서는, "여성운동가였다고 볼 수 있습니다. 전문직인 의사와 간호사로 훈련해 한국 사회 활동의 길을 여성들에게 열어주었지요"라고 했다.

또한 "그녀는 강한 여자였습니다. 당시 전쟁으로 폐허가 된 부산에 산모들과 신생아들을 위한 병원을 세우는 일은 쉽지 않았습니다. 그러나 그녀는 미군과 유엔 담당자들을 찾아다니며 협조를 구하는 등 여러 방면으로 애를 썼지요. 그리고 결국 일신병원 설립했고, 그녀는 그곳에서 정말 열정적으로 일했습니다. 아침밥을 먹자마자 병원으로 나가 쉴 새 없이 일하는 모습을 저 자신이 여러 번 보았습니다"라고

---

36 일신기독병원 총동문회, 『맥켄지家의 딸들』, 168.
37 호주 교회의 한국 선교는 1889년 헨리 데이비스 선교사의 입국으로 시작했는데, 안타깝게도 1890년 데이비스가 부산에서 소천한 후, 1891년에 공식적으로 한국 선교를 결정하고, 5명의 첫 공식 선교사들이 부산을 찾았다. 이후 부산경남 지역의 부산, 마산, 진주, 통영, 거창을 중심으로 복음, 의료, 교육 선교 활동한다. 매혜란에게 이들 호주 선교사들은 든든한 지원자들이었다.
38 일신기독병원 총동문회, 『맥켄지 家의 딸들』, 317.

매혜란의 삶과 사역을 회상했다.[39]

셋째, 일신기독병원의 구성원들이었다.

매혜란은 이들의 스승이자 친구였고 때론 어머니였다. 매혜란은 가난한 이들을 돕는 의술과 인술의 소유자였고, 물건을 아끼는 절약 정신을 손수 실천했고, 아침 채플에서 찬송가를 부르며 눈물짓는 순수한 신앙인이었고, 작은 조산아의 생명도 절대로 포기하지 않고 소생시키는 데 최선을 다했고, 환자들이 손해 보는 일은 절대로 하지 않았고, 처음부터 퇴임까지 머리모양이 바뀌지 않을 만큼 검소했고, 하나님을 향한 믿음과 예수님의 향기를 나타내었던 훌륭한 선교사로 주변 사람들에게 기억되고 있다.[40]

매혜란은 이렇듯 든든한 동역자들과의 협력과 협업을 통해, 당시로서는 엄두도 못 내던 의료혜택을 베풀었다. 오늘과 견주어 절대로 뒤지지 않은 선진의술과 기독교적 인술을 베풀었다.

동료 선교사인 원성희(Dorothy Underwood)는 매혜란에 대해서 "빈곤층 가운데서도 가장 가난한 사람들을 위해서 헌신했고, 또한 의료진과 직원들, 선교사들과 그 외에 많은 사람에게 변하지 않는 지지와 탁월한 멘토였다"라고 회상했다.[41]

매혜란은 사람 중심의 단기적 성과에 집착하는 병원이 아니라, 시스템이 작동하는 미래지향적 병원을 꿈꿨다. 은퇴와 함께 조성한 '매

---

39 정원준, "한·호 선교 120주년 기념: 한·호 선교의 뿌리를 찾아,"「크리스찬리뷰」(2009.10.30.).
40 이홍주 의사의 증언. 매혜란에 대한 한국인 의료진의 회고. 일신기독병원 총동문회,『맥켄지 家의 딸들』, 208, 211, 212-213.
41 위의 책, 339.

켄지 기금'을 통해서 가난한 이들이 안심하고 무료로 진료와 치료를 받을 수 있는 시스템을 만들었다.

매혜란은 미래지향적인 협업을 통해 기독교적 가치를 실현한 선각자이자 선구자였다.

6. 매혜란과 매혜영의 데칼코마니, 일신기독병원 출신 여성 의료 선교사들

부산 동구 좌천동 소재 일신기독병원에는 맥켄지기념관이 있어 원근 각지 남녀노소의 방문객 발길이 이어지고 있다. 코로나19로 인해 방문이 여의찮은 상황이지만, 매혜란의 삶과 신앙을 고스란히 느낄 수 있는 뜻깊은 장소이자 공간으로 남아있다.

매혜란은 2009년 9월 18일 96세로, 그리고 매혜영은 2005년 2월 10일 90세를 일기로 하나님 품에 안겼다.

매혜란은 한반도 동남단 땅끝 부산에 살며 하나님의 나라 본향(本鄕)을 바라봤던 '이주민'이었고, 소외된 이웃을 편견 없이 섬긴 '그리스도인'이었고, 돈보다 생명을 소중히 여겼던 '휴머니스트'였고, 첨단 선진의술을 펼친 '의료인'이었으며, 미래지향적인 협업을 예수의 마음으로 실천한 '선각자'였다.

무엇보다도 매혜란과 매혜영은, 신실한 신앙의 선배들이자, 인생의 스승들이었다.

이들에게 선한 영향을 받은, 일신기독병원 출신의 여성 의료인들이 세계 오지 곳곳에서 매혜란과 매혜영의 데칼코마니처럼 사역하고 있다.

'부르심'과 '보내심'을 받은 일신기독병원 출신의 의료 선교사들이 오늘도 복음의 씨앗을 심고, 물주며, 자라게 하시는 하나님의 '인도하심' 속에 각자의 선교지에서 행복하게 살아가고 있다.

바라기는 이 책에 담긴 이들의 진솔한 삶과 신앙의 고백들이, 포스트 코로나19 세상을 살아가는 오늘날 그리스도인들이 사회적 책임과 역할을 숙고하고, 세상을 향한 하나님의 '보내심'에 순종할 수 있는 마중물이 되기를 소망한다.

맥켄시 선교사 가족

매혜린 선교사

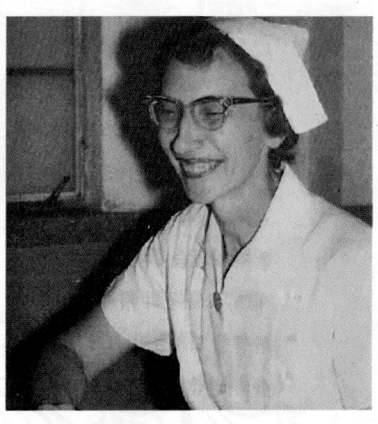

매혜영 선교사

영국에서 만난 친구들. 오른쪽 끝이 버지니아 색빌웨스트